一本书读懂
黄金投资理财学

黄金投资不得不读的指南

金智轩◎著

中国商业出版社

图书在版编目（CIP）数据

一本书读懂黄金投资理财学 / 金智轩著．—北京：中国商业出版社，2013.10

ISBN 978-7-5044-8232-7

Ⅰ．①一…　Ⅱ．①金…Ⅲ．①黄金市场－投资－基本知识　Ⅳ．① F830.94

中国版本图书馆 CIP 数据核字（2013）第 215972 号

责任编辑：刘毕林

中国商业出版社出版发行

010-63180647　www.c-cbook.com

（100053 北京广安门内报国寺 1 号）

新华书店总店北京发行所经销

香河县宏润印刷有限公司

*

710×1000 毫米　16 开　15 印张　220 千字

2014 年 3 月第 1 版　2014 年 3 月第 1 次印刷

定价：32.00 元

*　*　**

（如有印装质量问题可更换）

前言 PREFACE

黄金作为金属王国里最珍贵、最罕见的金属之一，一直被看作是财富和高贵的象征，达芬奇曾说过“黄金是人世间唯一具有太阳光芒的物质”。黄金在古埃及文字里的意思就是“可以触摸的太阳”，人们一直愿意相信黄金能够像太阳一样给人们带来美好的收获。而能够拥有黄金也一直是中国人的梦想，近年来中国黄金市场表现格外好，几年内黄金价格持续上扬，在投资业内流行这样一句话“股市下跌了，就投资黄金”，可见黄金投资的吸引力之大。

马克思曾说：“货币天然不是黄金，黄金天然则是货币。”每一次全球经济格局调整的时候，黄金的流动格局也会随之发生改变，越是国际货币体系不稳定的时候，黄金的货币功能和战略保值功能越是表现得充分。黄金作为国际公认的硬通货，拥有黄金的数量可以说是一个国家实力的象征。可见，黄金不管是对个人投资还是国家实力的增强都是不错的选择。

作为普通投资者，要想投资黄金市场，首先要了解这个市场，以便在投资过程中作出正确的决断。从目前的基本面看，黄金价格持续走高，消费者习惯高价位的黄金，且投资兴趣仍在是一方面的原因。而目前全球通胀的压力大，黄金能够抵御通货膨胀具有较好的保值功能为黄金提供了良好的市场需求。而地缘政治的不稳定导致人们对安全的需求增加，大量的资金开始流向黄金市场。巨大的市场吸引力，为投资者提供了良好的投资环境。

从中国目前的投资市场看，黄金投资的比例低于世界平均水平，黄金投资还具有巨大的潜力。2008 年开始，我国黄金交易平台的进一步建立也为投资者提供了一个调整理财规划以及增加黄金产品投资的好机会。近几年股票市场的低迷为众多投资者向黄金市场“进军”提供了契机。

那么作为黄金投资者要怎样选择自己的投资策略呢？如何才能把握住黄金市场的机遇？如果正确投资黄金？怎样探寻更赚钱的黄金投资品种呢？这些问题都需要在投资前有一个大致的了解。本书从实际出发，全面介绍了黄金的渊源、投资及其技巧和策略，如实物黄金、纸黄金、黄金期货等黄金投资品种的投资策略，以及黄金价格走势分析和技巧分析等，以通俗易懂的语言为黄金投资初学者增加知识储备。

目录 Contents

第一章 揭秘黄金的前世今生

第二章 走进世界各大黄金市场

第八章 黄金投资的技术分析与风险掌控

第九章 其他品种贵金属投资攻略

第十章 练就黄金投资真本事

附 录

第一章
揭秘黄金的前世今生

CHAPTER1

自古以来，黄金就是人们身份的象征。历史上，它曾是君王的专利，许多战争都因它而起。而从近代起，黄金又被赋予硬通货的功能，“金本位”制的出现，更使它发挥着不可替代的作用。

1．金币的发源地

早在公元前5世纪，古希腊人抒情诗人品达（Pindar）就说过：“黄金是宙斯之子”。作为贵金属，黄金见证了人类从古至今的贪婪和欲望，迷恋和恐惧。

据说，上帝很喜欢黄金，他亲自指示尘世的代理人摩西要用黄金来装饰布置膜拜他的圣所、圣幕，而且要求得很详细。同时，《圣经》上有400多处提到黄金。可见，黄金从远古时代就备受人类关注。

研究发现，古波斯通行金银两种货币，古罗马使用金币，中世纪的西欧一些国家也使用金币，阿拉伯帝国也通行金银两种货币，意大利诸邦也使用金币，美国在建国后铸行金币，西班牙从印加等地方掠夺大量的黄金也是为了铸币。可见，只要是在富产黄金的地方，只要有货币存在，那就必然是黄金。

黄金作为货币的转变在社会学上有着重要的意义，它促成了黄金的大众化，因为它的使用和拥有不再是君王的特权。公元前1300年前或者更早的时候，生活在小亚细亚中西部的吕底亚人是我们目前所知道的第一个铸造、使用金币和银币的民族，吕底亚人可以说是世界上最早的零售商。

吕底亚是一个富庶的古王国，它位于各文明地区的东西交通要道上，繁荣的贸易和商业活动对简易兑换流通的金币产生自然要求，而且吕底亚位于盛产冲击砂金的佩克托勒斯河岸，黄金供应良好，金币水到渠成地产生了。

到了罗马帝国时期，虽然它国力强大、疆土广袤，每年的黄金产量也在至少5吨以上，但是奢侈和爱炫耀的罗马人还是面临黄金短缺的状况。君士坦丁大帝利用将基督教奉为国教的名义，将帝国各地的无数神殿几百年的金银财宝充公——其中的大部分用来打造他的皇冠。不过，比起“装饰”来说，黄金的另一项功能——钱币，已在罗马帝国时期显得清晰和更为重要。

君士坦丁大帝即位后，开始发行拜占庭金币，重达4.55克，纯度98%，以

1盎司300美元计算，相当于今天的42.66美元，但购买力要比现在大得多。拜占庭金币以不变的重量和纯度持续发行了700年，是历史上发行期最长的金币。

拜占庭金币，在当时就被人形容为“从地球的一端到另一端，无论哪里都可以流通。它受到所有的人、所有国王的崇敬，因为没有一个王国的货币可以比得上它”。在今天看来，它可谓“中世纪美元”。货币史家罗培兹甚至认为：“拜占庭金币的稳定性与价值更胜美元。它不只是一块黄金而已。它也是一个象征、一个信仰，是神圣的皇帝派去民间的信差，是上帝的选民派去其他国家的大使。”

而黄金作为货币在中国市场上流通，最早可以追溯到春秋战国时期。那时，楚国是唯一一个将黄金作为流通货币的国家。秦始皇在统一六国之后，才将黄金定为法定货币。

2. 身份与权力的象征

最早大量使用黄金的应该是古埃及人，他们崇尚黄金，所以用黄金建造宫殿和雕像。当时，黄金就是权力的象征。在古埃及的文字中，人们把黄金的意思解释为“可以触摸的太阳”，其地位之神圣不难想象。可见自古以来，黄金自古以来就是人们身份和权力的象征，黄金曾是君王的专利。

在人类文明史上，黄金一直都是受到狂热追捧的稀有金属，深刻影响了几千年的历史。广为人知的是，它曾经引起战争和征服，曾经成为帝国诞生的催化剂。黄金史学家格林指出：“古埃及和古罗马的文明都是由黄金培植起来的。”在遥远的历史场合中，拥有黄金就代表着权力。公元前2000年到公元前1849年，古埃及统治者先后对努比亚（尼罗河上游一个小国，拥有丰富的黄金资源）进行了四次掠夺性质的战争，最后占领了努比亚全部的金矿。公元前1525年至公元前1465年埃及第十八王朝的法王又先后发动了两次战争，从巴勒斯坦和叙利亚掠夺了大量金银。

大量金银流入埃及，埃及的财富大大增加，正是有了这些财富，古代埃及才有能力兴建大型水利工程，发展农业，同时兴建豪华的宫殿和君王陵园，为人类留下了巨大的阿蒙神庙遗迹和金字塔。可以说，黄金让埃及在历史留下辉煌的一页，使人类记住了这个曾经伟大的帝国。

在更多时候，黄金等同于权力。漫长的历史中，君主和国王的统治存在了几千年，这些国王或者君主为了稳固地位，除了拥有强大的军队和封闭的制度外，还需要用黄金等财富去控制他人。显然，黄金和疆土是一样重要的，某种程度上来说，拥有了黄金就拥有了开疆扩土的资本和权力。

到了现代社会，黄金虽然已经剥去了皇权式的神秘和垄断，但是它在人们生活中地位和作用丝毫没有减少。今天，黄金扮演的角色虽然已经发生了变化，但是各个国家仍然储备了相当数量的黄金财富，以备不测之需。此外，人们也开始将黄金作为投资理财的一种手段，充分展示了这种贵金属非同一般的影响力。有人认为，人类数千年生产的约 14 万吨黄金里，有四成左右作为金融资产，存在于金融领域，另外六成左右则是一般商品，主要的功能用于消费。

在黄金的众多用途，“黄金首饰”始终扮演着重要角色。从古至今，它都是尊贵身份和权力地位的象征，上至统治精英，下到普通大众，都喜欢用黄金首饰显示自己的与众不同。帝王时期，贵族皇室就首选黄金作为首饰的材料，能用得起黄金打造首饰的人非富即贵。随着社会的发展，黄金已经不是皇室贵族的专享，越来越多的普通人能接触到黄金。显然，黄金饰品所展示的仍然是人们的财力，从本质上是财富的象征。

3. 东方吸金大法

东方人有很强的储藏本性，这种本性决定了东方人不仅对黄金，只要是象征财富的东西，甚至今天的纸币在内，都要储藏起来。所以，在西方人眼睛里，东方人就是吸纳黄金的“海绵”。因此，黄金流到东方，就很难流出来了。在 17 世纪航海大发现之后，西班牙人和葡萄牙人把美洲大量的金银财富运回了欧洲，但很快就流向了亚洲。从 1600 年到 1730 年之间，欧洲金银流向东方的数量远远超过了美洲大陆输往欧洲的数量，而从亚洲流向西方的金银则少很多。

即使是到了现在，印度仍然是世界上最大的黄金买主，印度人花在黄金上的花费比花在汽车、两轮交通工具、冰箱、电视机的总和还要多。而像日本、中国大陆、中国台湾等亚洲国家或地区的外汇储存名列前茅，就是很好的明证。

在公元 4 到 6 世纪的时候，东方通过自身独一无二的特产“吸”西方的黄金，拜占庭的商人从中国输入大量的丝绸，然后运往欧洲高价出售，购买的手段就是黄金。这些商人花在丝绸上的黄金惊人，但是却对丝绸的制作方法一无所知，多方刺探还是没有效果，最后拜占庭用黄金收买了两个徒弟，造丝的秘密终于泄露，至此才停止向中国进口丝绸。

其实，中国、日本、印度等东方国家从来就没有计划把黄金当做钱币使用，最珍贵的钱币材料就是银了。东方人更多意义上是把黄金看成商品，也就是一种具有真实使用价值的物品，而不是一种支付工具。

伯恩斯坦认为：“黄金可以用来装饰、玩赏、美化，还有最重要的是，储存财富。的确，东方人一有钱就想要买黄金储藏起来，不像我们现代人一有钱就想购买梦寐以求的金表炫耀一番。”

东方人自古就有储藏财富的天性，特别是储藏黄金的天性，在中国，更是从来没有把黄金视为货币。西方则截然相反，第二次世界大战，欧洲人一直想把黄金整合到货币体系里，纵然欧洲当地的黄金供给十分稀缺。

1400 年，欧洲本地的黄金产量不超过 4 吨，在钱币的需求方面，这些黄金仅可铸造出 100 万的达卡特金币。与此同时，仅威尼斯一年就输出了 1 吨重的达卡特金币。金银的短缺，使很多地区又回到以物易物的方式，特别是在本地交易。比如，胡椒粉比同重量的黄金还要值钱，这种很受欢迎的日用品就充作货币来使用，德国的贵族们更是用“胡椒人”来称呼银行家。

于是，15 世纪的欧洲，成为历史上少有的一个时期：黄金的花用远远多于储存，从 15 世纪初到 15 世纪末，1 盎司黄金可以买到的商品增加了 1 倍。

地理大发现之后，渡过大西洋的金银数量大增，作为新大陆黄金的最大输入国西班牙，理应成为欧洲最富有的国家。但是事实却恰恰相反，西班牙只是变得更为挥霍，结果，它变成了金银大转移的一座桥梁。当时就有西班牙人明智地指出："这么多的金银永远是国家与城市的致命毒药。"1569 年、1607 年、1627 年和 1647 年，西班牙竟然出现了四次财政危机，国家面临破产。

东方国家则正好相反，当黄金流入东方，大多数国家会把黄金作为财富储存起来。有一点值得注意，中国等地没有将黄金作为货币，背后潜藏的黄金，就是权力和尊贵的象征。直到今天，黄金还在影响着东方人对待黄金和黄金投资的态度。

黄金在中国没有世俗化的一个重要原因就是，在唐朝的时候，中国就开始使用纸币来替代铜钱，这个伟大的发明使中国等东方国家受益匪浅。到了元代，马可波罗将这个伟大的发明写到他的游记中，但是当时的欧洲人根本不相信，这也是东方成为"吸金海绵"的原因之一。

4. 因黄金而起的无数次战争

对于黄金，绝大多数的中国人是在近些年才开始慢慢了解和熟悉起来的。殊不知，早在很久之前，就发生过无数次因为黄金而起的战争。从历史的角度来看，金本位的思想萌芽由来已久，人类对黄金的追逐伴随着各种各样的欲求：有的人希望通过掠夺黄金而使财力增强，有的人希望通过黄金炫耀财富，有的人希望通过黄金使本国的货币制度更为完善，有的人甚至会想通过黄金长生不老。不管是哪种原因，黄金在人类历史上始终占据着重要的位置。

古埃及和古罗马的文化一直到现在都是人类文化史上的奇迹，但是这两个文明古国的形成和黄金脱不了干系，黄金史学家格林曾经指出："古埃及和古罗马的文明是由黄金培植起来的。"可以说，掠夺黄金是古埃及和古罗马统治者穷兵黩武的动力所在。

早在公元前 2000 年开始，古埃及统治者就开始对努比亚（尼罗河上游的一个小国，有丰富的黄金资源）先后发动了四次掠夺性质的战争，经过战争，古埃及占领了努比亚的全部金矿。公元前 1525 年到公元前 1465 年，埃及第十八王朝法王又先后对巴勒斯坦和叙利亚发动了两次战争，目的仍然是掠夺金银。如此大量的金银财富流入埃及，使埃及的财富实现剧增，他们才有能力兴建大型水利工程，发展农业，兴建豪华宫殿和陵园，为人类留下了伟大的文明。

1531 年，169 名西班牙殖民者在佛朗西斯科 · 皮萨罗的率领之下发动了对印加帝国的进攻，这些士兵带着当时欧洲最先进的大炮、火神枪、利剑，离开了巴拿马向秘鲁挺进。出发前，他听两个被俘虏的印第安人讲：从这里一直往南走有一座黄金城。这正是皮萨罗铤而走险的原因，可以说这次进攻的目的就是掠夺印加帝国的黄金。

而此时印加帝国正面临内讧，对于皮萨罗来说，这场内战简直就是天赐良机，仅仅两天时间的进攻，印加帝国 4 万多人的军队就被一百多人的西班牙殖民者打败了。战争胜利之后就是掠夺，皮萨罗派人前往印加人军营搜刮财富，带回了价值 8 万比索的黄金。而整个战争给皮萨罗带来的财富远远超过这些。

到了近代，因为黄金而起的战争仍然没有停止。南非作为殖民地，最早定居在那里的主要是荷兰人，还有德国人和法国人，他们被称为布尔人，布尔人质朴又老实，大都从事农业和畜牧业，对黄金没有什么兴趣，甚至反对黄金的开发，因为他们怕金子会破坏了他们平静的生活。

但是 1886 年的淘金热潮冲击了他们的宁静。1895 年，开普殖民地的英国总督塞西尔 · 罗得斯决定将维特沃特斯兰德地区的黄金全部纳入到英国人的手里，至于布尔人的反对，罗得斯根本就是不屑一顾的。跟随罗得斯多年的雷安德 · 詹姆逊博士准备和驻扎在德兰士瓦的英国南非共识的武装部队联合起来，煽动居住在德兰士瓦的自认为受到当地人压迫的英国人发动暴动。

约翰内斯堡当时已经是南非最大的黄金产地，由于当地大部分居民是英国移民，因此长久以来英国人和布尔人之间的关系就十分紧张。采金者不愿意看到暴动的情形，他们努力不使这块“宝地”卷入到政治事件的漩涡当中。

然而事情并不能如他们所愿，特别是后来德国的介入，使英国政府立即派遣了一支海军舰队驶往北海，另派一艘战列舰到达黛拉格海湾，以示威胁。

虽然英国人试图和布尔人通过谈判解决问题，但是最后谈判失败。1899年夏天，开普殖民地和德兰士瓦双方政府开始加紧备战，战争到了一触即发的状态。1899年10月11日晚上，布尔人率先发动攻击，起初处于优势，但是很快英国就逐步处于战争的上风，最后获得了战争的胜利。

1900年6月5日，记者拉芳·阿根图报道了这样的战争细节：布尔人的首领克鲁格带走了250万两黄金！出逃之前，皇家律师斯穆茨先生强迫银行交出所有黄金，并带着这些黄金狼狈逃窜。

1902年5月31日，最后一批布尔将领宣布投降，英国保证实现和平，战争结束，从而使布尔人有机会重建国家，但是这个富饶的黄金之地已经完全被英国控制。

人类从来就不缺乏战争，因为人类一直缺少黄金。历史上，人们为了黄金发动战争机器展开杀戮，到头来多少生灵涂炭，这又是多么可悲。

5. 黄金与地理大发现

十五世纪的欧洲，出现了黄金短缺的现象，黄金的花用远远多于储存，正是黄金的短缺，成为十五世纪地理大发现的直接诱因。这一点，哥伦布在给西班牙国王裴迪南与伊莎贝拉的信里就写得明明白白了："……你也会得到更多西班牙名下的主权、财富以及市民。毫无疑问，那些土地有很多黄金。"所以，亚当·斯密就谴责新大陆的探险家的动机是"神圣化的黄金渴望"。比如，西班牙探险者皮萨罗毁灭了秘鲁的印加帝国后，获得了将近5吨的黄金。

不可否认，15世纪之后，欧洲的商人和封建主都狂热地追求着黄金，而开辟新的土地则是满足他们这一欲望的有效途径。地理大发现和哥伦布的远洋航行有密不可分的联系。哥伦布最早阅读的一本游记书就是《马克·波罗游记》，并且对游记里介绍的"中国遍地是黄金"特别感兴趣。当时的欧洲人，已经开始相信"地球是圆的"的预言，哥伦布相信地理学家托斯卡涅利说的"一直向西航向，就能到达那个出产各种香料和宝石最多的国家"。

哥伦布的航行计划得到了西班牙皇室的支持，正是新大陆的黄金诱惑，才使得西班牙皇室愿意资助哥伦布远航，商界的代表们也慷慨解囊，给以资助。1492年8月3日，哥伦布率领由"圣玛利亚号"、"平塔号"和"尼雅号"三艘海船组成的船队，从西班牙出发，开始远航。在10月12日，虽然他们没有到达中国，却到达了美洲巴哈马群岛中的华特林岛，抵岸后，哥伦布领着全体船员匍匐在地，感谢上帝的恩赐。虽然哥伦布的这次航行没有找到大量的黄金，之后的几次探索也一无所获，但是新大陆的发现，使随后几百年的欧洲殖民统治者像是饿狼一样扑了进去，他们为了掠夺美洲的黄金，制造的恐怖场面和使用的残酷手段都足以令人心惊胆寒，因为他们的心中牢记这哥伦布的名言："黄金是世界上最为珍贵的东西……有了黄金在世界上想干什么就能干什么。"

历史的车轮继续前行，新大陆的发现把欧洲人的视野引向全世界。1518年，一位叫做麦哲伦的葡萄牙人开始了他向东方探险的计划。1519年9月，他从西班牙圣卢卡尔港起行，花了半年多的时间才到达巴西。后来，船队又到达菲律宾，经过印度洋，绕过好望角，重新返回了西班牙。麦哲伦的环球航行证明了地球是圆的，欧洲人也开始随着麦哲伦的航线纷纷来到美洲、亚洲、非洲，开始认识到除了欧洲大陆之外的地方，从此开始对这些地区的野蛮甚至残暴的征服和掠夺。在那些地方，他们寻找了宝贵的黄金，打开了财富的大门。16世纪期间，渡过大西洋的金、银数量，比起15世纪末叶全欧洲所拥有的金、银数量还要多得多。

欧洲人牢记的哥伦布的那句话，后面还有一句"甚至可以让灵魂升入天堂"，那些掠夺者、文明的毁灭者，他们的灵魂真的能升入天堂吗？还有，他们的国家会因为黄金的增加而变得富有和强大吗？实际上，人类在黄金面前表现出来的贪欲，往往是自我毁灭的开始。

比如，新大陆黄金的最大输入国当然是西班牙，它没有成为欧洲最富有的国家，而是频频面临破产境地，因为突然增加的巨额财富使西班牙挥霍无度。结果，西班牙仅仅成为一个黄金的中转站，把新大陆运来的黄金再运到别的地方去。由此看来，追逐财富的过程中，一味地占有财富，往往让人迷失方向。

6. 风靡世界的“淘金热”

黄金的魔法是无边的，一般发现黄金的地方，都会引来全世界各个角落的人们的关注。比如，澳洲原来是英国流放罪犯的地方，但是在 1851 年发现了黄金，竟然有四分之一的英国人抢着购买船票赶赴澳洲，使澳洲成为有名的“黄金海岸”。

19 世纪，是世界淘金热频发的时期，首先上场的就是俄罗斯的淘金热。1823 年，俄罗斯的乌拉山金矿的产量还不到 2 吨，到了 1830 年就增加到了 5 吨以上。紧随其后，西伯利亚也发现了大量黄金，1842 年的年产达到 11 吨。到了 1847 年，俄罗斯的黄金产量占了全世界黄金产量的 60% 以上。1914 年，俄罗斯的黄金年产量高达 60 吨。

但是俄罗斯的黄金开采并没有在全世界范围内引起狂热，因为俄罗斯黄金的发现靠的是组织良好的奴工，信息并没有在短时间内传遍全球，自然没有引来过多的关注。

而在美国加州等地就是另一幅景象了。1848 年加州发现黄金，到了 1853 年，已有 10 万人涌进加州，其中包括 2.5 万名法国人和 2 万名华人，年产量不久就达到 95 吨。

“GOLDRUSH”翻译成中文是“淘金热”，在英语里的意思是对金子的向往，美国的“淘金热”是风靡全世界的一场对金子的崇拜。这次淘金热通常是指美国西进运动之际，美国移民萨特在加利福尼亚的萨克拉门托附近发现了金矿，之后就有敢于冒险的商人、操纵者和土地投机家布兰那把金矿发现的消息扩大到了全世界。

美国建国之后，大批移民为了开拓新的生活疆土，越过阿巴拉契亚山脉，进入密西西比河以东的地区。19 世纪 20 年代开始，移民们开始越过密西西比河，进入到美国新扩张的地区，40 年代加利福尼亚发现了金矿。

金矿发现后，整个美国都沸腾了，全世界感到震撼无比。距离加利福尼亚州最近的圣佛朗西斯科首先感受到了淘金热的冲击，几乎当地的所有企业都停止了营业；海员们不再出海，把船只抛弃在了圣弗朗西斯科湾；士兵们不再服兵役，离开了营房；仆人们不再安心工作，纷纷离开自己的主人；农民们不再耕种；工人们也扔下工具；公务员们也离开写字台。所有的人都涌向金矿的发源地。这股热潮一直席卷到圣弗朗西斯科北部的俄勒冈以及南部的墨西哥，成千上万的淘金者使加利福尼亚的人口猛增。

自 1854 年，加利福尼亚的淘金热开始呈下降的趋势，黄金的产值下降。第二次采金热是 50 年代在科罗拉多发现金矿到 70 年代在内大华发现金矿，这个时候采集的矿种也开始增多，并不仅仅局限于金矿，并且这场采金热使美国作为最大的产金国的地位一直保持到 1898 年。技术上的发展，更是使得商人、工业和企业家纷纷成立采矿公司，并逐步控制采矿区。

到了 1859 年，随着美国加州、澳洲、俄罗斯、西伯利亚源源不断地开采，世界黄金产量一年便高达 275 吨，是 18 世纪平均年产量的 10 倍以上。这意味着，当时 10 年的黄金产量就比得上从哥伦布到 1848 年这 356 年间的黄金产量。在 19 世纪末与 20 世纪初，美国克朗代克河、科罗拉多和南非陆续又有金矿开采。

从 19 世纪延续到 20 世纪的淘金热，使全世界的黄金产量前所未有的增加。以美国的淘金热为例，对美国社会产生了巨大的影响。比如由于人口的急剧增长，美国社会的衣食住行陡然变得紧张，社会服务业的发展也没有办法满足社会的需要，商品价格上升等，但同时也促进了农业、牧业和交通运输业的发展。

7. “金本位”制的出现

金本位制度是以黄金作为储备货币或本位货币的货币制度。在这一约束条件下，黄金具有货币的全部职能。西方国家并不是在一个确定的时间开始实行金本位制度的，大致说来，它开始于1870年到1890年之间，伴随着19世纪下半叶西方各国逐渐向单一的金铸币本位制过渡而形成。

具体来说，它是以一定重量和成色的黄金作为本位币，并使流通中的各种货币和黄金建立起固定的兑换关系的货币制度。其现实运作基础在于各主要资本主义国家国内都实行了金铸币本位制，继而使黄金充当了国际货币。但是，在金本位制度中，流通中的货币并不仅限于金币，还有其他辅币和银行券等。

英国在1821年最终决定采取金本位制度，而其他国家最终确立金本位，得益于世界黄金产量的剧增。因为黄金产量的增加，使那些采用金银复本位或银本位的国家，可以大胆地抛弃银，不愁无法兑现黄金。到了1876年，世界上的主要国家，除了中国和印度仍采用银本位制外，像法国、德国、美国等绝大多数国家都采用了金本位制度。

金本位对当时第一金融帝国英国最为有利，像今天的美元一样，英镑是人们最先选择的货币。由于黄金储备是不产生收益的，英格兰银行以其最佳信誉降低黄金储备标准。1913年，该银行持有黄金1.65亿美元，而法兰西银行是6.78亿美元，美国财政部则需要13亿美元。

概括起来，金本位有三个特点：金币可以自由铸造、自由兑换和自由输入输出。在国际金本位制度下，各国的货币储备是黄金，国际间的结算也使用黄金，黄金充分发挥了世界货币的职能。当然，在国际金本位时期，不仅在国内市场上，而且在国际市场上，大部分支付不是通过贵金属进行的，而是借助于各种货币形式。当代诺贝尔奖获得者蒙代尔的“货币不过是一定量黄金的名称”，很好地概括了金本位制度的特征。

虽然黄金自古以来让人迷恋，但是直到19世纪中叶，银始终扮演了主要的金钱角色。随后，银的两个劣势开始变得明显：一是银缺乏金的魅力，银会比较快生锈变色，无法像金那般引起众人极度强烈的欲望；二是银的体积比金大得多，因此运输成本很高。

从美国内战结束到第一次世界大战爆发的这50年中，金本位制度如日中天，扮演了财富代言人的角色。显然，自古以来人类对这种闪耀金属的原始信赖，与第一次世界大战之前那段时期黄金充分配合工业和金融发展需求，天衣无缝地融合到了一起。

在那个金本位最美好的时代，不可避免地出现了几次大的金融危机。1890年，英国最有名望的霸菱财团投机阿根廷失败，面临破产，急需400万英镑，而英格兰银行基金储备竟然不到1100英镑。后来，俄国、法国央行和金融大财团罗特希尔德家族与英格兰银行通力合作，有效解决了这次危机。这次事件的影响之一是，日后欧洲遇到类似危机的时候，各国都是通过相互支援共克时艰。

但是，当时的美国就没那么幸运了，在欧洲人的眼里，美国和阿根廷没什么区别，也只是一个新兴市场罢了。因此，当1895年美国黄金储备跌到900万金币时，美国人只能自救了，而救星是美国的大金融家皮尔庞特·摩根。当时，他闯入总统办公室，对焦虑万分的克利夫兰总统等人说："今天将有一张1000万美元的汇票要求承兑，不到下午3点，一切就完了。"然后，摩根提出自己的银行和伦敦的罗特希尔德家族筹集350万盎司的黄金，作为交换条件，美国财政部发行价值6500万美元的30年期的黄金债券。最后，市场平息下来。

一时间，金本位再次得到空前重视，人们对它更加顶礼膜拜。不过事后的深入研究发现，国际金本位制的成功可能是结果，而不是原因。当时英国的一位政治家迪斯雷利看出了这一点，深有感触地说："把英国的商业优势与繁荣归功于我们英国采行金本位制，世界上再没也没有比这更虚妄了。英国的金本位制不是英国商业繁荣的原因，而是结果。"

8. 当代首次黄金大牛市

股票市场里有"牛市"和"熊市"之分，在黄金市场里也同样如此。那么什么是"牛市"呢？"牛市"就是指行情看涨，延续的较长时间的上升趋势。"熊市"与之相反，其特点是行情萎靡不振，交易指数一路下跌。

小王是上海一家公关公司的白领，在投资黄金之前，小王已经有近五年的炒股经历，虽然较于炒股，他对炒黄金并不是很在行，但是之前两次购买黄金股票的经历使小王对投资黄金还产生了一点兴趣。2006年，小王以每股20元买了中金黄金的1万股黄金股，后来以每股100元的价格卖出，赚到了不少钱。

之后，随着物价飞涨，小王想寻找硬通货方式进行投资，以保存价值，他第一个想到的就是投资黄金。于是他和几个一起炒股票的朋友一块炒起了黄金。

小王刚刚投资黄金的时候，黄金一直处于上涨的行情中，小王和几个朋友都赚了不少。但是紧接着的几个月下来，黄金的价格开始下跌，虽然后来有点回弹，但是好景不长，不久金价就又跌下去了。黄金价格的跌跌落落让小王体会到了黄金牛市熊市的力量。

在黄金市场上，20世纪70年代是黄金交易经历的第一轮大牛市。1971年，在损失了大量的黄金储备之后，美国政府宣布退出布雷斯顿森林体系，宣布美元和黄金脱钩。之后，黄金价格完全脱离了政府定价的模式，由市场供求的关系来决定，黄金冲破布雷顿森林体系，开始成为由市场供求关系定价的自由黄金，这之后黄金的价格飞速上升。

1944年，布雷顿森林体系建立，国际经济体系的核心从黄金变为美元，当时的美元有世界黄金准备的75%支持。美国持有黄金200亿美元以上，债务却不到100亿美元，可谓盛极一时。

但好景不长。美国经济超强的地位到了1960年已受侵蚀，当年的外国人持有的美元流动资产已从1950年的80亿美元增加到200亿美元。也就是说，如果全数兑换成黄金，美国的黄金库存便会见底。

敏感的黄金投机客开始挑战1盎司35美元的官价，而美、英、法、德、意等国家在1961年起成立黄金总汇，联合平抑黄金价格。最富戏剧性的是，一直对美国很有看法的法国总统戴高乐突然倒戈，在1965年呼吁大家恢复金本位制，因为美元失去了十多年前汇集巨大黄金的基础，美国的黄金储备占世界总量的比例已从1949年的75%下降到50%以下（到了60年代结束已是30%以下）。1967年，法国退出黄金总汇。

实事求是地说，戴高乐站在投机客的一边不无私心。当时，法国是美国以外全世界拥有最多黄金的国家，如果按它宣称的将每盎司黄金提到70美元的水准，法国将大赚一笔。不过，戴高乐想终结美元的特殊地位，是很多国家所乐见的。“美元本位制”使得只有美国人可以用大量印刷的美钞作为国外支出的资金，而别的国家都必须在国际收支有了盈余才能“赚取”黄金或外币。

最后的结局是，美国无限制地用美元弥补国际收支赤字，美元泛滥成灾，将国内的通货膨胀输出并加剧了世界性的通货膨胀。而美国黄金大量流失时，美元作为国际储备物质基础大大削弱，最后它和黄金的固定联系被切断，纸币流通规律遂发生作用。

1973年，因为美元大幅贬值的诱导，再一次引发了欧洲各国抛售美元，抢购黄金的大浪潮。正是在这次市场浪潮的冲击下，西欧和日本外汇市场不得不关闭了17天。后来，经过各国之间的紧急磋商最后达成协议，西方国家放弃了固定汇率，实行浮动汇率，同时，黄金涨过100美元每盎司的大关，是原来官方所规定兑换价格的三倍。

1972年这一年，伦敦市场的金价从1盎司46美元涨到64美元。

1973年，金价冲破100美元。

1974年到1977年，金价在130美元到180美元之间波动。

1978年，石油输出国组织的原油再度飙涨，达每桶30美元，导致金价涨到244美元。这一年的7月3日，一位著名的女喜剧演员要求60万美元的酬金用南非金币支付，而不是用美元。

1979年，金价涨到500美元。这一年3月12日发行的美国《商业周刊》封面上的自由女神像泪流满面，标题是“美国的衰落”。10月，美国通胀率冲破12%，黄金成为对抗通胀的有力武器。

1980年1月的头两个交易日，金价达到每盎司634美元。

此时，世界各大央行行长和财经首脑们开始形成一种观点：恢复黄金在货币体系中的传统角色。其中，最有代表性的是美国财长米勒，他宣布财政部不再出售黄金。在米勒宣布之后的不到30分钟，金价便大涨30美元，达到715美元。到了1月21日，金价创下850美元的历史新高。美国总统卡特不得不出面打压金市，表示一定会不惜任何代价来维护美国在世界上的地位，当天收盘时金价下跌了50美元。

到了1980年2月22日，金价重挫145美元。现当代首次黄金大牛市宣告结束，时间长达12年。这次市场大行情，让人们充分见证了黄金的威力，也让一部分人赚得盆满钵满。

9．二十年的黄金熊市

打开1971年到2010年的金价走势图，可以发现：1978年到1999年曾经出现了“黄金熊市二十年”。当时，流传着“十年黄金如烂铜”的说法，人们持有的黄金的收益尚且不如银行存款的收益高。为什么会出现熊市呢？

一般说，黄金市场上，金价连续下跌并且跌幅巨大就是所谓的熊市。并且，这种价格下跌的趋势要持续三个月或者半年以上。

通常，任何金融产品在经过价格的爆发性的大牛市暴涨之后，价格都会有大幅回落，股票、石油、房地产等等都是这样，黄金的价格也并不例外。20世纪80年代，黄金在创造出令人头晕目眩的825美元每盎司的巨高价格之后，开始出现大幅度的震荡性的回落。与此同时，美国的通胀率从接近20%一直降到了1982年的5%左右，而黄金的价格也随着跌落到了1999年的251美元每盎司。

让我们看看黄金在二十年熊市期间的价格变化：

1978年，金价每盎司的盘势峰顶是244美元；

1980年，金价每盎司盘势峰顶是852美元；

1981年，金价每盎司的盘势峰顶是599美元；

1985年，金价每盎司盘势降到300美元左右；

1987年，美国股市崩盘后，黄金价格触及486美元的峰顶后便一路下滑；

1999年，金价每盎司的盘势峰顶降到251美元止住。

从《信报》林行止先生的政经短评专栏中，我们可以看到一些关于当时金价大幅下降给人们带来的恐慌，一些只言片语，可以把我们带到那个令人迷茫的环境中。

1988 年 2 月 8 日：上周五每盎司金价以 439 美元收市，令黄金好友捏一把冷汗，因为金价支持点正好在此水平，技术分析告诉我们，此水平一旦跌破，金价就如入无支持之境，要跌至什么价位才能企稳，技术派已不敢肯定，艾略特理论的指示是 180 美元。

1988 年 8 月 20 日：既然投资者忧虑经济衰退迟早来临，那么黄金是不应忽略的投资工具。在 30 年代股市大崩溃时，最有代表性的金矿股 Homestake 的股价从 1929 年的 7 美元上升至 1932 年的 46 美元（期间道指跌幅达 90%）。

1989 年 2 月 1 日：金价从 1980 年 1 月 20 日的历史高位 850 美元计，到 1988 年年底，美元金价已跌去 52%。在这十年内，美国的通胀率升幅共达 90%，以低通胀率见称的日本也在 20% 的水平，而黄金的这段走势说明它没有抗拒通胀的能力，黄金应从“保值商品”上除名（有意思的是，若以日元计，这十年的金价跌幅最厉害，达 75%）。

为什么金价会出现这样大的价格变化？主要原因在于，20 世纪 80 年代黄金无息成本的弱势凸现。在 70 年代，债券利息及银行利息都低于通胀率，也就是“负利率”，当时黄金无息可以忽略不计；到了 80 年代，债券和其他固定利息的投资工具所提供的收益高于通胀率，令黄金的魅力骤然失色。于是，价格自然下跌。

也许有人要问，名画和古董与金银一样是无息产品，为什么前者在 80 年代的价格是大涨？原因是物以稀为贵。名画和古董往往是独一无二的，而金银能不断生产。

因此，当黄金的价格一路叫跌，作为货币商品甚至纯粹商品，黄金已失去“长期持有”的价值，这是投资者不得不面对的窘况。这也提醒人们，黄金并非万能的保值增值产品，投资之道还需看趋势。

10．美元为何走向衰落

20世纪90年代的强势美元似乎让人想起了20世纪50年代的美元黄金时代。一方面，美国以昂贵的价格输出标准品牌和新经济技术，以低廉的价格购买劳动力和原材料；另一方面，以亚洲为代表的高速成长经济体系采取出口导向和重商主义，买入美元资产来平衡升值的汇率。而美国发达的金融资本市场，也使得其他发达经济体系参与其中，这又都造成了大量的美元需求。

强大的美国国力和强势美元在2000年达到了顶峰，纽约时代广场的国债时钟停止运作，国家共计负有2360亿美元的预算盈余。但3年后的2003年10月9日中午，国债时钟上的数字是68200亿美元，1天后的10月10日，数字又增加了16亿美元。

如此恶劣的国家财政，却被美元作为世界领导货币的惯性掩盖着。自2000年起，美国M3供给增长2.3万亿美元，是历史上前所未有的信贷扩张时期。说白了，是滥发纸币，世界上充斥了美元。美元贬值势不可挡。

黄金的物质性不变，往往掩盖了它的变动不居。美元的价格浮动和黄金不无关系。

通常来说，美元跌的时候黄金是在涨价的，而黄金价格下跌的时候美元则往往处在上升的途中，美元和黄金在全年的大部分时间里是呈负相关的关系。为什么美元和金价有如此紧密的关系呢?

首先，美元和黄金同样都是重要的储备资产，美元的坚挺和稳定就削弱了黄金作为储备资产和保值功能的地位。当黄金行情大好的时候，正是美元衰落之际。

其次，全世界的黄金市场一般都是以美元标价的，这样如果黄金的价格大幅一路上涨，则意味着美元有贬值的可能性。20世纪末，金价由高峰开始走向低谷，人们纷纷抛出黄金，就和美国经济连续100个月保持增长，美元坚挺有很密切的关系。

美元和黄金的这种关系，是黄金市场在美元价值波动面前的典型表现，原因也很简单，全球的黄金现货以及期货价格都是用美元来标价的，因此，如果黄金在非美国投资者们面前变得更加便宜的话，则代表美元正在走软。

1999年8月26日，每盎司金价跌至251.9美元，创下二十年来的低位，在底部横盘两年后，于2001年再次发力上攻，到2003年年底为414美元，涨幅达60%。

黄金在2001年复生是很有意味的事情。在此之前的十年中，美国人玩了一把乾坤大挪移，虚拟经济占据世界的舞台。它的决定性因素是两个：人力资源和行业标准。而IT经济的主要原料是硅，一种数之不尽用之不绝的砂子。新经济的对立面是旧经济，主要组成部分之一是石油、农产品、矿产等能源和原材料产业，它们在90年代被贬得低三下四。

遗憾的是，人们并不是仅仅活在虚拟空间中。我们要走动，就需要石油；要吃喝，就需要农产品；要盖房，就需要铁、铝等原材料。随着2000年科网泡沫完结，人们又开始追捧这些实物经济，2001年的黄金等贵金属上涨，只不过是接下来几年商品大牛市的一个组成部分罢了。

实际上美元走向衰落并不仅仅和黄金有关系，是有多方面共同作用的结果，首先，当时美国经济强势上涨之后经历的暂时衰退就是美元下跌的一个主要原因。此外，当时的美国经济发展比较迅速，不少项目上马，但是难免出现的项目赤字不断攀升，使得美元的价格更加不稳固，财政赤字的增加等，都是美元下跌的原因。

第二章

走进世界各大黄金市场

CHAPTER2

黄金市场，是集中进行黄金买卖的交易场所。黄金交易与证券交易一样，都有一个固定的交易场所，世界各地的黄金市场就是由存在于各地的黄金交易所构成。黄金交易所一般都是在各个国际金融中心，是国际金融市场的重要组成部分。

1. 伦敦黄金市场

300多年前，黄金市场就已经形成。早年，荷兰的阿姆斯特丹是世界的黄金交易中心，1804年被伦敦取代。到了1919年，伦敦黄金市场正式成立。当时，每天都会进行上午和下午两次黄金定价，而黄金的价格则由五大金行定出。伦敦市场的黄金价格一直影响着纽约和香港的黄金供应者交易。1982年以前，伦敦黄金市场主要经营黄金现货交易，1982年4月，伦敦期货黄金市场开业。

目前，伦敦仍是世界上最大的黄金市场，伦敦市场的黄金价格定下来之后，各个通讯社会在几分钟之内就将黄金的价格消息传播到世界各地，各地的黄金市场则会参照伦敦市场的金价进行交易。所以，伦敦黄金市场又被认为是国际黄金市场价格的“晴雨表”。

伦敦的黄金市场有一个特点，即它不是一个实际存在的交易场所，而是一个通过世界各大黄金商家的销售网络形成的无形市场。黄金交易所会员则由英国汇丰银行、加拿大丰业银行、洛希尔国际投资银行和德意志银行等五大金商，以及一些被公认为有资格向他们购买黄金的企业组成，而后延伸到各个加工制造商和中小商店、公司。

也就是说，伦敦黄金市场是世界上以做市商为主题的场外交易的第一大黄金平台，它在提供黄金市场的流动性、提高市场交易效率、转移和分担风险，促进市场发展等方面发挥着重要作用。和美国黄金市场为代表的交易所的模式不同，交易所的黄金交易主要通过集中撮合成交，而做市商模式则是各做市商根据各自的实力和经营状况报出买价和卖价。

伦敦黄金交易市场的另一个特点是有很强的灵活性。伦敦黄金市场上，黄金交易过程中由黄金商根据各自的买盘和卖盘，报出买价和卖价。而交易黄金的纯度和重量等标准都可以选择，如果黄金客户要求在比较远的地区进行买卖交易，金商也会报出运费和保费等，也可以按照客户的要求报出期货的价格。

最流行的伦敦黄金买卖方式是客户并不需要现金交收，可以买进黄金的现货，到期后只要按照约定的利率支付利息就可以。但是这个时候客户并不能取得实物黄金这种买卖黄金的方式，仅仅是在会计账上变化数字的游戏，一直到客户完成了相反的操作平仓为止。

伦敦黄金以美元标价，以英制盎司作为计量单位，黄金的报价则以道琼斯国际报价为准，主要的依据则是伦敦市场的现货黄金价格。一盎司等于31.1035克，每天盘价为 ××× 美元每盎司。比如，大盘标出582.30的数字，就是指每盎司的黄金是582.30美元。

同时，伦敦市场的黄金交易，既可以买涨，也可以买跌，既可以先买，也可以先卖。因此，不管黄金的价格怎样波动，投资人之中总有可以获得利益的空间。实时买卖是它的另一大特色，只要是处于全球交易的时段里，就可以随时完成黄金交易。凭借这种制度，伦敦的黄金市场并不存在是否有人接单的问题，所以它不会像中国市场那样容易被套牢。

当然，伦敦黄金市场特殊的交易体系也有若干不足。首先，由于各个金商报的价格都是实价，有时市场黄金价格比较混乱，连金商也不知道哪个价位的金价是合理的，只好停止报价，伦敦金的买卖便会停止。其次，伦敦市场的客户绝对保密，因此缺乏有效的黄金交易头寸的统计。

2. 苏黎世黄金市场

第二次世界大战之后，伦敦黄金市场两次停业。这给了苏黎世黄金市场机会，于是有了迅速崛起的可能。

苏黎世是瑞士的最大城市，也是瑞士的首府、商业和文化中心。瑞士联合银行、瑞士信贷银行和许多私人银行都将总部设在苏黎世，因此它是瑞士银行的代表城市，世界金融中心之一。

因为瑞士特殊的银行体系和辅助性的黄金交易服务体系，为瑞士黄金买卖提供了一个既自由又保密的良好环境。再加上瑞士和南非也有优惠协议，能获得南非 80% 的黄金，而前苏联的黄金也聚集在苏黎世。因此，二战后，瑞士不但是世界上新增的黄金最大中转站，也是世界上最大的私人黄金存储地。可以说，苏黎世的黄金市场在国际黄金市场上的地位仅次于伦敦。

苏黎世的黄金市场并没有正式的组织结构，而是由瑞士的三大银行：瑞士银行、瑞士信贷银行和瑞士联合银行负责清算结账，这三大银行不仅代客户进行交易，并且黄金交易也是这三家银行本身的主要业务。苏黎世的黄金总库建立在瑞士三大银行非正式协商的基础上，不受政府的管辖，作为交易商的联合体和清算系统混合体在市场上只起中介作用。

苏黎世的黄金市场没有金价的定盘制度，在每个交易日里的任何一个特定的时间里，根据黄金的供需状况议定当日的交易金价，这个商定的价格则为苏黎世的黄金官价。全日的金价在这个基础上波动并没有涨停板的限制。交易金的标准金为 400 盎司的 99.5% 纯金。

虽然苏黎世黄金交易所和伦敦黄金交易所都是由银行自由定价，但是二者还是有区别的。苏黎世黄金市场并没有采用伦敦市场的定价制度，三家大银行各自的黄金交易价格并不公开。此外，伦敦是黄金交易的清算中心，而苏黎世则是黄金实物的交易中心。伦敦的金商在黄金交易中，主要是起着中间经纪人的作用，其自身并不参与交易，而苏黎世的三家银行则既能起到中间经纪人的作用，自身也参与黄金的实际交易。

瑞士的三大银行是全球从事黄金业务的综合银行，具有从事贵金属交易系统配套设施和条件，以瑞士联合银行为例（USB），USB1996 年合并的时候曾是世界上最大的银行，它在稀贵金属方面有 6 个方面的业务：稀贵金属储备，交易结算，医疗器械（牙、心脏起搏器等），钟表（瑞士 85% 金表壳）、珠宝，电器元件，稀贵金属提纯等。USB 能够为自己的客户提供一条龙的服务，有自己的年处理 500 吨黄金的大型冶炼精炼厂，有装甲车和密封非装甲车提供运输，有销售、结算、加工（表壳、珠宝、医疗器械、电子元件），有高水平的回收提纯和雄厚的资产实力保证一条龙服务。

瑞士与英国和美国不同，瑞士拥有完全自由的黄金市场，在那里，任何人都可以买卖黄金，进出口黄金，就像是买奶酪和巧克力一样方便自由。所以瑞士一直是一个理想的避风港，在那里，任何渴望发财的人，比如那些走私者，都可以放心大胆地购买黄金。而自从黄金市场实行双重价格以来，苏黎世就成为黄金批发贸易的最大市场。

瑞士苏黎世的黄金交易系统具有最大的包容性，苏黎世黄金交易所还是兼容金融性黄金和商品性黄金交易的机构，并且是黄金金融投资，特别是世界私人黄金投资最大的市场，也是东西方黄金交融的场所。每年瑞士进口的黄金约 1200~1400 吨，同时每年约有 1000~1200 吨黄金出口。

3．美国黄金市场

美国的黄金市场是 20 世纪 70 年代中期发展起来的，主要的动因是 1977 年后的美元贬值，美国人为了套期保值和投资增值获利。美国黄金市场由纽约商业交易所（NYMEX）的 COMEX 分部、芝加哥世界商品交易所（TMM）、底特律、旧金山和水牛城共五家交易所构成。美国黄金市场是以黄金期货交易为主的，目前，美国纽约世行已经成为世界上交易量和活跃度最大的黄金期货市场。

美国内战之际，由于居民向政府缴税的时候必须用金币支付，因此美国的黄金交易开始蓬勃发展起来。一开始，黄金交易在纽约证券交易所进行，但是由于当时黄金的价格走势和战争的胜败完全相反，于是美国在 1862 年停止了黄金交易。

国家统一后，美国政府开始重新允许黄金交易，华尔街上的一些具有远见的经纪商开始筹划建立规范的黄金交易市场。1864 年 10 月，美国又重新创建了纽约黄金交易所，当时称之为“黄金屋”。有人这样描述，“黄金屋”就像是一个“阴冷潮湿充满怪味的大洞穴”。“黄金屋”里面有一个巨大的钟形表盘，表盘上的指针用来表明黄金的即时交易价格。指针每动一下，就会有黄金投机商发财或破产。对于那些神经脆弱的人来说，“黄金屋”使他们望而却步。

美联储和财政部管理美国货币储备黄金规模为 835 吨，占到美国外汇总储备的 75%，且美国的货币储备黄金多年来一直处于冻结状态，既没有增加，也没有减少。美国是全球黄金期货交易中心，还是它有别于其他黄金市场的典型特征。

在市场上，美国的黄金制造业集中于首饰、电子工业、牙科和金币，这些制造业的产品进入交易市场，在每股相关商业部门协会自律管理下，按照商品运行规律运转，通过交易所进行交易。

1974 年，美国放开了官方的黄金管制，黄金行业也得到了充分的发展，不管是黄金矿山生产还是黄金投资都是如此。

目前，根据纽约商业交易所的界定，它的期货交易分为 NYMEX 和 COMEX 两大部分，NYMEX 负责能源、铂金和钯金的交易，其余的金属（金属）归 COMEX 负责。COMEX 现在交易的品种有黄金期货、迷你期货、期权和基金。参与 COMEX 黄金买卖以大型的对冲基金及机构投资者为主，他们的买卖对金市产生极大的交易动力。庞大的交易量吸引了众多投机者加入，整个黄金期货交易市场有很高的市场流动性。

以纽约商品交易所（COMEX）为例，该交易所本身不参加期货的买卖，仅提供一个场所和设施，并制定一些法规，保证交易双方在公平和合理的前提下进行交易。该所对进行现货和期货交易的黄金的重量、成色、形状、价格波动的上下限、交易日期、交易时间等都有极为详尽和复杂的描述。

美国黄金期货交易的时间一般都以交易所的当地时间为准。美国的交易所大部分都处于东部和中部地区，同时期交易的时间也分为冬令时和夏令时，其中间相差 1 小时，比如，COMEX 黄金的夏令时为 8 点 20 分到 1 点 30 分，而冬令时为 9 点 30 分到 2 点 30 分。

美国的黄金交易和黄金制造业都是一种开放式自由运行的市场体系。美联储代表政府部门行使央行管理职能，主要负责储备货币黄金的管理与经营、国际合作和国际清算与支付，具体决定协商美国财政部共同决策。

从交易模式上看，美国黄金市场由场内交易和电子交易两种。所谓“场内交易”是指沿袭下来的人工寒假的制度，“电子交易”则要在场内交易结束后开始。今天，美国的场内交易场所有向电子化交易所发展的趋势，部分公司已经进行了半电子化的交易尝试。

4. 香港黄金市场

香港的黄金市场已经有90多年的历史，在当今市场上，中国香港的黄金市场作为重要的世界黄金交易场所，可以连贯亚洲、欧洲和美国的黄金交易所，由此形成了比较完整的世界黄金市场。

香港黄金市场的形成是以香港金银贸易场的成立为标志的。1974年，香港政府撤销了对黄金进出口的管制，从此香港黄金市场获得了极快的发展。经过几十年的发展，香港已经成为一个蜚声世界的国际金融中心，并且是一个全面的、自由开放的国际金融中心。现在的香港，以新兴的姿态和日益壮大的规模跻身于国际各大金融中心的行列，并和纽约、伦敦等国际金融中心齐名。

由于香港黄金市场在时差上刚好填补了纽约、芝加哥市场收市和伦敦开市前的空档，因此凭借优越的地理条件引起了欧洲金商的注意。伦敦五大金商、瑞士三大银行等纷纷来港设立分公司，并将在伦敦交收的黄金买卖活动带到香港，逐渐形成了一个无形的当地“伦敦金市场”，促使香港成为世界主要的黄金市场之一。

目前，香港黄金市场由三个市场组成：香港金银贸易市场，以华人资金商占优势，有固定买卖场所，主要交易的黄金规格为99标准金条，交易方式是公开喊价，现货交易；伦敦金市场，以国外资金商为主体，没有固定交易场所；黄金期货市场，是一个正规的市场，其性质与美国的纽约和芝加哥的商品期货交易所的黄金期货性质是一样的。交投方式正规，制度也比较健全，可弥补金银贸易场的不足。

所谓伦敦金，1974年黄金恢复在香港市场自由买卖后，伦敦黄金交易所和苏黎世几大黄金商在香港设立了分支机构，建立了香港伦敦金市场。伦敦金市场是一个现货市场，黄金在伦敦交收，并在成交后的两个交易日在纽约以美元的方式结算。

香港的伦敦金市场的客户可以利用特殊的信贷安排达到延迟结算的目的，其中的方法很多，涉及借贷黄金或美元、基本保证金和价格变动保证金等等。伦敦金市场逐渐发展成为香港独有的迟延结算市场，全球的黄金交易商、制造商和生产商都会参与到这个市场的交易中来。

而香港的实金市场的主要产品为金条、金币、金元宝和金像等。一般来说，香港金条的溢价为1%，是销售金条的基本规则，溢价是可以确定的。香港同时是世界第三大金饰出口商，仅次于意大利和瑞士。

香港的黄金交易里的实金交易由香港金银贸易商经营，无形黄金交易、纸黄金投资由香港伦敦黄金交易所经营。黄金衍生品由香港黄金期货交易所来经营。这个黄金交易场所是亚太地区交易规模最大的黄金交易所，并且交易中大部分为投资型金融黄金的交易。

5. 东京黄金市场

日本东京的黄金交易所成立于1982年3月，其前身是日本贵重金属协会，这个协会的成员都是多年从事黄金、白银等贵重金属业务的商行，是日本政府正式批准的唯一黄金期货市场。

历史上，日本是一个贫金的国家，国内市场所需要的黄金几乎全要依赖从国外进口。1973年之后日本才允许黄金交易商直接进口黄金，直到1980年，日本黄金市场全部解禁，日本黄金市场得到迅速的发展。

起初，日本黄金市场发展并不顺利，主要由于其管理制度的不成熟，导致其实际运作方式始终没有走上正轨，黄金的交易过程十分繁琐，导致东京黄金市场的交易量很小。而后，日本的经济突飞猛进地快速发展，东京市场上的黄金投资商也大量出现，逐渐形成了现在国际黄金市场上颇具影响力的黄金交易所。

日本黄金市场的黄金以每克日元叫价，黄金交收标准金的成色为99.99%，重量为1公斤，每宗黄金的交易合约为1000克。日本黄金投资市场分为三类，第一类是高端客户市场，第二类是中产阶级市场，第三类是投机性机构市场。

（1）高端客户

所谓高端客户是指日本那些财大气粗的富豪阶层，这个阶层的人钟情于购买千两箱。千两箱是指用传统的珍宝箱包装5个到10个千克的金条或者100个到500个1盎司的金币，其中，1000克和500克的金条最受欢迎，大部分是用进口的伦敦金熔化后制造的金锭，而这其中则以田中、三菱和住友的品牌最为著名。

每克2100日元的金锭零售差价为每克60日元，比例大约为3%。这么昂贵的差价，依然能够被顾客所接受，是因为客户实际购买的时候比较注重零售商的信誉，愿意为此支付较高的溢价。2006年的时候，日本的千两箱销售了22吨，金条销售了68吨，金银币销售量为11吨。

（2）中产阶级

日本黄金投资和消费的主力就是其中产阶级了。在这里，中产阶级主要参与一项被称为“黄金积累计划”的黄金投资业务，这个计划是指客户每个月用固定的日元购买黄金，黄金价格低的时候买得就多，黄金价格高的时候买得就少，合同到期的时候，客户积累下来的黄金可以兑现，还可以以金块、金币的形式交付，或者换成黄金首饰。

黄金积累的计划主要针对20岁到50岁之间的客户群，特别是女性客户，合同到期后，能够转换成黄金首饰是选择计划的一项重要考虑，因此各款式的珠宝商品和黄金饰品质量之间存在竞争。

根据世界黄金协会的统计，日本的黄金积累计划每年开立48万个账户，替客户储存约190吨黄金。2006年，黄金积累计划被作为婴儿潮时期出生人口的个人养老金计划，在其后的3年内将有50亿日元的退休被一次付清，所以各银行在这个市场上的竞争会异常激烈。

（3）交易所期货交易

日本的黄金期货市场有着重要的作用，东京工业品交易品是亚洲地区最大的商品期货交易所，每年的黄金期货交易量仅次于纽约市场。交易所的黄金交易合同单位为 1 千克，每个合同原始押金 9 万日元。佣金为 300 日元~500 日元，每日波动限度为 60 日元每克。

6．新加坡黄金所

1969 年 4 月，新加坡黄金市场正式成立。在此之前，黄金的交易和进出口都是由政府部门进行严格管制。

黄金市场成立后，新加坡政府向七家商业银行和一家贸易商颁发营业许可证，同意其进行黄金交易，但是交易的对象仅限于工业用户、金饰商以及其他非个人用户。那个时候，黄金交易品种规格为一公斤的金条，政府要对每盎司金征收一美元进口税。由于当时交易的限制比较多，市场规模较小。

1973 年 8 月政府全面解除黄金交易限制，允许本国和外国在新加坡个人自由购买、出售和保存黄金，取消黄金进口税，从而加快了新加坡黄金市场的发展。

1978 年以来，由于国际上黄金需求量大幅增加，新加坡的政府也按照国际惯例全面放宽了本国外汇管制，使黄金进出境口自由，为新加坡国际性黄金期货交易创造了良好的条件。1978 年 10 月，新加坡又成立了新加坡黄金交易所，并开始正式进行黄金的现货和期货的交易，成为东南亚一家国际性的黄金期货市场。

此后，新加坡黄金市场和伦敦黄金市场、香港黄金市场以及纽约黄金市场等地的市场的联系日渐密切，极大地促进了新加坡黄金市场的发展，进一步促进了新加坡黄金市场的国际化。

1983 年，新加坡政府又进而改组了黄金交易所，增加交易内容，开始提供金融期货服务，使新加坡的黄金市场和其他国际性交易所进一步链接。从此，新加坡黄金市场又进入了一个新的发展阶段。

新加坡黄金交易所全名是“新加坡黄金交易所私人有限公司”。1983 年，新加坡决定把交易所改造成公共股份公司，这样就能容纳更多的会员。新加坡黄金所原来注册资金 50 万新元，章程修改后的 1983 年，注册资金增至 200 万新元，由理事会负责策划、决定和推行交易所的行政方案和日常业务。

交易所的股东就是其正式成员，共十名会员，会员分为交易会员和经济会员，1981 年后，依章程取消了两种会员的分类，并且规定了会员的权利。

交易所的每个会员都必须认购 2 万股面值 1 元的交易所股份，并且必须提交 25 万元的银行担保，交纳常年会员费。如果会员为公司的话，那就至少要缴足资金 100 万元。

新加坡黄金交易所经营的黄金包括现货和 6 种期货契约。交易所成立初期，只有 100 盎司这个唯一的基本点单位，1980 年 6 月又增设了以公斤为单位的金条。

成交于新加坡黄金交易所的交易，仅限于在新加坡交割，黄金证书是黄金交易所批准的唯一交割工具，其格式应该得到交易所和结算所的预先批准，而且必须由下列指定银行签发方为有效：大华银行、华侨银行、新加坡发展银行、华联银行、诺娃 · 斯克亚西银行的新加坡分行。每个证书有效期为一年。

目前新加坡时常经营黄金现货和 2、4、6、8、10 个月的 5 种期货合约，标准金为 100 盎司的 99.99% 纯金，设有停板限制。

7. 全球黄金交易时间表

目前，全球的黄金市场主要分布在欧洲、亚洲和北美洲三个区域，欧洲以伦敦、苏黎世黄金市场为代表，亚洲主要以香港为代表，北美主要以纽约、芝加哥和加拿大的温尼伯为代表。

全球各大金市的交易时间以伦敦时间为准，形成伦敦、纽约连续不停的黄金交易，伦敦每天上午 10 点半的开盘定价揭开北美金市的序幕。等纽约、芝加哥等先后开叫，伦敦下午定价后，纽约等仍然在交易，紧接着香港也加入进来。

伦敦黄金市场的尾市会影响美国的早市价格，而美国的尾市会影响香港的开盘价，香港的尾市价和美国的收盘价又会影响伦敦的开市价，形成这样一个循环。

黄金市场是一个全球性的市场，可以 24 小时在世界各地不停交易。由于黄金很容易变现，可以迅速兑换成任何一种货币，这样就形成了黄金、本地货币、外币三者之间的便捷互换关系，这就是黄金在当代仍然具备货币和金融功能的突出表现。

现货黄金交易市场是 T+0 的 24 小时连续交易，每个地区都是有时差的，所以交易者进场的时间不一样，根据亚洲、欧洲、美洲进场的时间不同分为亚洲盘面、欧洲盘面和美洲盘面。

以亚洲时间为标准，亚洲盘面的交易时间从早上 5 点到下午 3 点半，这个交易一般比较冷清，属于行情调整时段。之所以如此，主要是由于亚洲的推动力量比较小，黄金震荡幅度在 20 到 40 以内，没有明显的方向。这个时间段的行情由于大多没有方向可言，保证金交易者可以在早上 6 到 8 点左右观察一下，如果行情为上下波浪震荡形态（看 15 分钟或者 5 分钟地形图），可以在行情震荡到两端的时候作 5~15 点的操作，只放止赢不做短线止损即可，如果到 11 点之后还不能挣钱出来就要及时平仓。

之后到 14 点，就可以为下一段欧洲盘面做准备，欧洲盘面的交易时间是下午 3 点半到晚上 8 点半。欧洲的黄金市场开始交易之后，资金就会增加，伴随着交易的展开，一些对欧洲货币有影响力的数据也会公布，如果价位合适，商家可以着意进货。

到了傍晚 6 点至 8 点的时间为欧洲金市的中午休息时间，恰好迎来了美洲市场的清晨，金市显得比较清淡，一则欧洲中午休息，二则等待美国开始，这个时间段最适宜观望市场行情。

接着一直到 24 点，就是欧洲市场的下午盘和美洲市场的上午盘，这个时候黄金市场比较活跃，自然也就是行情波动最大的时候，也是资金量和参与人数最多的时间段，这段时间里只能完全根据当天的行情方向行动，所以这个时候判断行情也就只能根据当时的大形势了，可以说这个时间段是出货的大好时机。

凌晨 24 时之后到清晨时间，是美国的下午盘，一般这个时候已经走出了较大的行情时间段，此时多为前面行情的技术调整期，比较适合观望。

最后总结一下，在中国的炒金者可以说拥有别的区域难以比拟的时间优势，最能够抓住晚上 9 点到凌晨 24 点的这个波动最大的时间段，这个时间段正好是对一般投资者有利的时间，因为中国大部分的炒金者都是从事非黄金专业的工作，下午 5 点到 24 点这个时间段都是可以自己支配的自由时间，正好可以用来做黄金的投资，不必为工作的事情分心。

8. 黄金市场交易服务模式

在全世界成功的黄金市场中，为黄金交易提供服务的机构和场所各不相同。其中，没有固定交易场所的无形市场，以伦敦黄金市场和苏黎世黄金市场为代表，这种模式通常称为欧式。还有的是在商品交易所内进行黄金买卖业务的，这种交易以美国的纽约商品交易所和芝加哥商品交易所为代表通常称为美式。有的黄金市场在专门的黄金交易所里进行交易，这种交易模式以香港银业贸易场和新加坡黄金交易所为代表，可以称为亚市。

（1）欧式黄金交易模式

欧式交易模式是指在黄金市场里的黄金交易并没有一个固定的场所，以伦敦市场为例，伦敦金市每天进行上午和下午两次黄金定价，其交易的方式通过无形的方式——各大金商的销售联络网完成，通过金商和客户之间的电话、电传等进行交易。

黄金交易会员则有最具权威的五大金商和一些公认为有资格向五大金商

购买黄金的公司或者商店所组成，然后再由各个加工制造商、中小商店和公司等连锁组成。交易的时候由金商根据各自的买盘和卖盘报出黄金的买价和卖价。而在欧洲的苏黎世黄金市场，则由三大银行为客户代为买卖并负责结账清算。

因为没有固定的交易场所，伦敦和苏黎世市场上的买家和卖家都比较保密，每天的交易量也很难真实地估算。

（2）美式黄金交易模式

美式黄金市场实际上是建立在典型的期货市场基础上的，这类黄金市场的交易更类似于在市场上进行交易的其他商品。期货交易本是一个非赢利性机构，本身并不参与交易，只是为交易提供场地、设备，与此同时制定相关法规，确保市场内交易公平、公正地进行，并且对交易进行严格的监控。

比如纽约商品交易所，这个交易所本身并不参加期货买卖，只提供一个场所和设施，制定一些法规，交易双方在公平和合理的前提下进行交易。该交易所进行现货和期货交易的黄金的重量、成色、形状和价格的波动的上下限、交易日期、交易时间等都有很详细并复杂的描述。

（3）亚式黄金交易模式

亚式黄金交易一般也都有专门的黄金交易场所，能同时进行黄金的现货和期货交易交易所实行会员制，只有能达到某种要求的公司和银行才能成为交易所的会员，而且交易所对会员的数量配额都有很严格的控制。虽然能进入交易场所内的会员数量很少，但是其信誉却是极高的。以香港银业贸易场为例，其场内的会员交易采用公开叫价，口头拍板的形式进行交易，场内的金商会严守信用，很少有违规的事情发生。

实际上，以上各种交易所与金商、银行自行买卖或代客交易只是在具体的形式和操作上的不同，其运作的实质都是一样的，都是尽量满足世界不同黄金交易者的需要，为黄金交易提供便利。

黄金交易场所内的交易者们必须要心平气和，控制好自己的情绪，面对市场突如其来的变化，要能冷静应付，否则就容易犹豫不决、举棋不定，以致错失良机。在入市前最好能够准备好应对各种情况的发生，这样在遇到市场的突变时也不至于觉得太意外而手足无措，造成大的损失。

9．黄金市场的参与者

黄金是国际结算的最终手段，同时也具有世界货币的性质，又是一种商品，具有非货币的性质。而作为非货币性质的黄金，就和世界上其他普通的商品一样，可以通过黄金市场，以买卖的形式在世界各地实现流通和转移。正因为此，黄金市场吸引了不少“炒金客”，也就是黄金市场的主体，参与者。

从世界黄金的供应来源看，主要有：金矿开采、各国出售、国际性金融机构抛售和集团与个人的出售几种形式。从世界黄金的需求看，又有以下几个方面：官方储备用途、工业用途、投资和投机用途等。无论从黄金的供应还是需求看，都需要黄金市场的参与者们参加交易才能实现黄金的流动。

国际性的金商、银行、对冲基金等金融机构和法人机构、私人投资者，还有在黄金期货交易中有很大作用的经纪公司，都可以作为主体参与到黄金市场的交易中来。

（1）国际性的金商

国际金商又可以成为做市商，最典型的就是伦敦黄金市场上的五大金行，这五大金行本身就是黄金交易做市商。此外，由于这些金行和世界上各大金矿和很多金商都有很广泛的联系，五大金商会根据自身掌握的情况不断报出黄金的买价和卖价，理所当然，黄金做市商要负责金价波动的风险。

（2）银行

银行可以分为两种，一种是只为客户代行买卖和结算，但是其自身并不参加黄金买卖，这类银行以苏黎世的三大银行为代表，这种银行充当黄金生产者也就是提供者和黄金投资者之间的经纪人，在黄金市场里起着中介的作用。另一种银行是做自营业务的，比如新加坡黄金交易所里，就有很多家自营商会员。

（3）对冲基金

对冲基金是指采用对冲交易手段的基金，也成为避险基金或套利基金。对冲交易的方法有很多，如卖空、互换交易、现货和期货的对冲等。对冲基金通过对冲避免或者降低风险。

近年来，国际对冲基金，特别是美国对冲基金活跃在国际金融市场的每个角落。在黄金市场上，几乎金价的每次大的下跌都和基金公司借入短期黄金在即期黄金市场抛售和在纽约商品交易所黄金期货交易所构筑大量的淡仓有关。

现在，世界上一些规模比较庞大的对冲基金利用和各国政治、工商金融界有着千丝万缕的联系，这些对冲基金往往能先捕捉到经济基本面的变化，再利用其管理的庞大的资金进行买空和卖空，这样就能加速黄金市场价格的变化，从中渔利。

（4）各种法人机构和私人投资者

这类参与者既包括专门出售黄金的公司，比如各大金矿、黄金生产商、专门购买黄金消费的黄金制品商、首饰商以及私人购金收藏者，也包括了专门从事黄金买卖业务的投资公司、个人投资者等等，可以说种类多样，数量众多。

但是从对市场风险的喜好程度分，又可以分为风险厌恶者和风险喜好者：前者希望回避风险，将市场价格波动的风险降低到最低程度，包括黄金生产商、黄金消费者等，后者就是各种对冲基金等投资公司，希望从价格涨跌中获取利益。前者希望对黄金保值，而转嫁风险；后者希望获利而愿意承担市场风险。

（5）经纪公司（Broker'sFirm）

它是专门从事代理非交易所会员进行黄金交易，并收取佣金的经纪组织。有的交易所将经纪公司称为经纪行（Commission House）。在纽约、芝加哥、香港等黄金市场里，活跃着许多的经纪公司，他们本身并不拥有黄金，只是派场内代表在交易厅里为客户代理黄金买卖，收取客户的佣金。

（6）交易所

从国际经验上来看，黄金交易一般都有一个固定的交易场所。目前世界上共有五大黄金交易所，分别是英国伦敦黄金交易所、瑞士苏黎世黄金交易所、新加坡黄金交易所、香港黄金交易所和东京黄金交易所。中国上海黄金交易所于2002年底成立，位于上海外滩的中国外汇交易中心内。

在中国的黄金市场上，还不存在类似黄金市场的上对冲基金之类的市场机构。中国黄金市场实行的是会员制，目前共有金融类和非金融类共108家会员，其中以商业银行为代表的金融类会员占据了大部分的交易量。随着上海金交所一年多的营运，中国黄金市场最大的供应商也渐渐浮出水面，中国黄金总公司下属的中金股份有限公司成为金交所最大的黄金提供者。

10. 世界黄金储备与分布情况

黄金的价值得到了世人的追捧。长期以来，资本主义各国为了稳定本国货币，都要抢购黄金，储备黄金，把黄金当作货币商品。有的国家外汇不足还要通过出售黄金来加以平衡，比如说前苏联就通过抛售黄金，来赚取更多的外汇。

可以毫不夸张地说，黄金能够左右世界经济的发展，其作用和程度虽然不如过去那样强势，但黄金仍然是货币的坚实后盾。

人类在数千年的文明历史中，从地球这个小星球上一共挖出了总量大概15万吨黄金，其中40%左右是作为可以流通的金融性储备资产，存在于世界金融流通领域，其总量大约有6万多吨。具体来说，其中的3万吨黄金是各个国家拥有的官方金融战略储备，2万吨左右是国际上私人和民间企业持有的民间金融黄金储备。

而人类开采出了另外60%左右的黄金则作为一般性的商品存在，比如首饰制品、历史文物、电子化学等等工业产品中。值得注意的一点是，这60%左右的黄金很大一部分可以随时转换为私人和民间力量拥有的金融性资产，继而参与到金融流通领域当中。

目前看来，黄金仍是许多国家官方金融战略储备的主体。现在全世界各国公布的官方黄金储备总量为32700吨，约等于目前全世界黄金年产量的13倍。其中官方黄金储备1000吨以上的国家和组织有：美国、德国、法国、意大利、瑞士及国际货币基金组织。在这些国家和组织中，美国的黄金储备最多，为8149吨，占世界官方黄金储备总量的24.9%。西方前十国的官方黄金储备占世界各国官方黄金储备总量的75%以上。

黄金储备达百吨以上的有32个国家、地区或组织主要集中在欧洲和北美洲，亚洲及非洲国家只占少数；黄金储备不足10吨的国家、地区或组织共有47个，基本上都分布在亚洲、非洲和拉丁美洲，其总量只占美国黄金储备的1.43%。从这一数据可以看出，政治经济实力强大的国家其黄金储备也多，这说明黄金储备仍是国家综合实力的标志。

而南非是驰名世界的最大产金国家，其黄金储量和产量均占到了世界第一。南非的黄金蕴藏量为15500多吨，占到世界黄金蕴藏量的49%。1978年，南非所生产的黄金约为700吨左右，可以占到世界黄金产量的50%。这两个50%左右的数据，充分说明了南非的黄金在世界黄金生产中的地位。

非洲的黄金在历史上素享盛名。而南非的黄金生产在非洲首屈一指。15世纪之前，欧洲所需要的黄金主要来自非洲，中世纪英国把金币成为“几尼”，其意思就是来自几内亚的金币。一直到拉丁美洲发现金、银之后，非洲黄金的地位才开始有所下降。而19世纪80年代，南非黄金开始大面积开采，非洲在世界黄金生产中的地位又得到了恢复和提高。

现在，黄金储备在国家金融战略总储备中的比率也说明黄金现在仍然是国家战略储备的主体，黄金储备仍为世界上的发达国家所重视。美国的黄金储备在其国家战略总储备中所占的比率高达56.7%，而其他一些发达国家如德国37.6%、法国47.1%、意大利47.8%、瑞士38.2%、荷兰46.6%也是凸显了黄金储备的重要作用。

需要特别注意的是，有些国家根据本国实际情况实行藏金于民的政策。比如印度，印度的官方黄金储备虽然只有357.8吨，在国家战略总储备中的比率也不高，只有7.8%。但是，据有关资料显示，印度民间的黄金总储藏量至少有1万吨，白银的民间储藏量至少也有11万吨。现在，印度仍然是世界上最大的黄金消费市场，其黄金消费量每年达600~800吨左右。印度并不是产金大国，其每年消费的黄金大多数是从国际市场上购买。近几年随着印度经济的高速发展，黄金的进口数量也大幅增加。

中国官方公布的黄金储备约为600吨（2004年，至今并没有数量上的大改变），占中国国际金融储备的2%以下，黄金储备及占国际储备的比率都明显偏低。不过600吨的数字是中国官方公布的数据，根据经验性推论，600吨可能是不准确的数字。从各种因素分析，中国官方实际拥有黄金储备量要大于600吨，黄金储备约在1000吨左右。

11．黄金市场职能与市场风险

黄金具有货币的职能是众所周知的事。此外，黄金还具有其市场职能。黄金作为一般商品在市场上自由流通，为广大金融投资者提供了一种投资渠道，并且还为中央银行提供了一个新的货币政策操作的工具。概括起来，黄金的市场职能有以下几个方面：

（1）黄金市场的货币政策功能

黄金市场为中央银行提供了一个新的货币政策操作的工具。也就是说，央行可以通过在黄金市场上买卖黄金来调节国际储备构成以及数量，从而控制货币供给。虽然黄金市场的这个作用是有限的，但是由于其对利率和汇率的敏感性不同于其他手段，从而可以作为货币政策操作的一种对冲工具。

随着黄金市场开放程度的逐步加深，它的这个功能也将慢慢显现出来。可以说，通过开放黄金市场来深化金融改革是中国的金融市场与国际接轨的一个客观要求。

（2）黄金市场的保值增值功能

因为黄金具有很好的保值、增值功能，这样黄金就可以作为一种规避风险的工具，这和贮藏货币的功能有些类似。黄金市场的发展使得广大投资者增加了一种投资渠道，从而可以在很大程度上分散了投资风险。

虽然黄金市场具有如此大的吸引力，但是投资黄金市场还是存在很大风险的，首先，黄金投资市场中，无论是投资研究、行情分析，制定投资方案，进行投资决策和风险控制等等，各个环节都存在大量不可抗因素导致的风险，所以黄金投资的风险是广泛存在的。

另外，这些风险是客观存在，单纯依靠人力是难以避免的，并不会因为黄金投资者的主观意愿而消失，因为这些风险是由不确定的因素作用形成的，这些不确定的因素是客观存在的，所以作为私人投资者并不能控制这所有的环节，无法预期到未来影响黄金价格的因素的变化，所以投资者无法规避客观存在的投资风险。

特别是通常和货币相比，黄金的波动率较低（价值的上下波动），然而这些年来随着投机行为的增加黄金的波动变大了。

所以黄金作为投资对象，和其他投资对象相比具有不同的属性。长期以来，投资者对黄金投资市场抱有很大的兴趣，致使这个市场的流通性明显高于其他市场的市场流动性。这种流动性意味着，当您想卖出时不愁找不到买家，同时在您想买入的时候不愁找不到卖主。

在黄金市场上人们可以投资买卖金币和金条、珠宝、期货和期权、交易所买卖基金、甚至黄金证。与众多其他物品交易相比，黄金交易不但快而且价差低。

在外汇市场上，黄金可以说相对美元的避险投资。美元升值，金价下跌；美元贬值，则金价上涨。明白了这一点，投资者就能把黄金交易作为一种手段来平衡其在美元买卖中的盈亏。

市场条件在不断变化，然而黄金一直保持着它的购买力。就其相较商品和服务的购买力来看，黄金的价值一直很坚挺。相比黄金其他货币在随着商品和服务价格的上升其购买力却在下降。

因此，一些投资者买入黄金来平衡通货膨胀和货币价值变化造成的影响。在外汇交易中，投资者买卖黄金大多出于投机目的而不是为了长期的投资。在外汇市场，交易者可在买入黄金几小时后卖出，凭借黄金价格的小幅波动（变动）获利。

虽存在众多风险，但黄金仍然受到投资者们的青睐，经济学家凯恩斯曾经这样评价黄金的作用："黄金在我们的制度中具有重要的作用。它作为最后的卫兵和紧急需要时的储备金，还没有任何其他的东西可以取代它。"显然，黄金仍是一种具有金融属性的特殊商品！

现在世界黄金市场的参与主角是民间力量。主要是各种类型的投资基金，其中起主导力量的是一些商品市场基金，还有就是国际大财团、大银行、大保险公司等，还有数量最庞大的人群就是各类黄金投资经纪商下面联结的分布在世界各国的散户黄金投资者。这些黄金市场上的民间投资力量构成了当前世界黄金交易量的95%以上。

投资黄金必须首先要明白的是，虽然世界黄金总量的很大一部分是储备在各国政府手中，但这并不是当前世界黄金市场的主流，当前世界黄金的价格走势趋势并不由各国政府的意愿所左右，各国政府的售金意愿或买金意愿并不能改变黄金价格走势的大趋势。

第三章

黄金：真正的贵金属

CHAPTER3

黄金，就是我们通常所说的金子，是人类发现和利用较早的金属之一。由于黄金稀少、特殊和珍贵，自古至今就被视为五金之首，具有“金属之王”的称号，因而黄金有价，并且价值含量比较高。而要参与黄金投资，在黄金市场里获得投资增值、保值的机会，就要对黄金有最基本的了解。

1. 黄金的战略价值

试想，如果世界上的黄金数量非常充沛，就像食盐一样，那么，即使黄金具有其独特的物理特征和瑰丽的光彩，但它的价值也不会像现在那么高，何谈狂热地投资黄金？

然而，似乎各个大陆都发现有黄金的存在，这听起来和黄金的稀有正好相矛盾，可是事实并非如此。因为，虽然黄金矿藏遍布世界各地，但却没有一处地方能够轻而易举地开采和生产。发现和产出黄金需要付出巨大的努力和代价，因此黄金这种贵金属的价值就如此之高。

黄金其本身具有的属性决定了它存在的基本价值。一般的商品，随着时间的推移，多多少少都会出现不同程度的破坏或者出现老化的现象，比如桌子，时间长了就会老旧。但是黄金则不同，虽然黄金表面也会失去光泽，但是其本质却不会发生变化，褪去光泽的黄金经过重新清洗、打磨或者锻造之后，就又能以光鲜的姿态呈现在世人面前。可见，黄金是一种具有永久性的物质，它的价值并不会随着时间的长久而流失，更不会因为外界的破坏就改变其本身的性质。

此外，黄金本身具有的良好的稳定性和其稀有性，使黄金成为名符其实的贵金属，被人们视为财富的储备。这种自然属性，加上被人们根据自己的需要赋予了的社会属性——货币功能，正如马克思在《资本论》里写道的“货币天然不是金银，但金银天然就是货币”，使得人们逐渐将黄金作为长久投资和收藏的首选对象。

除了具有价值优势外，黄金还有税收上的优势。和黄金相比，很多投资产品都存在着一些容易让投资者忽略的税收项目。比如，在中国投资股票的过程中，如果需要进行股票的转手交易，则需要向国家交纳一定比例的印花税，这样算下来，利润就会出现成比例的减少。如果进行长年累月的计算，这部分的费用可说的上是不菲的。

又比如，如果进行房产投资，除了在购买时候需要交纳相应的税收外，获得房产后，还要再次交纳土地使用税，当觉得房价已经到了一定程度——出售可获利的时候，政府为了抑制投资者对房产的炒作，还会再征收一定比例的增值税。这样算下来，收益在交纳赋税后和本应有的收益有很大差异。

因此，黄金可以算是世界上所占税项负担最轻的投资项目了，其黄金交易过程中所包含的税收项目，基本上就只有黄金进口时候的报关费用了，如果想把财产转移给下一代，最好的方法就是将财产变为黄金，然后再由继承的一代将黄金转换成其他财产，这样就能彻底免去昂贵的遗产税。

实际上，在进行任何一种投资之前，都应该对所投资的项目的回报率进行分析，这里就涉及投资净收益，也就是交纳赋税之后的收益。有时候投资产品，开始觉得自己大赚了一笔，但是当支付一定比例的税收后就会发现收益也是少的可怜的。所以，投资黄金在税收方面就有其他投资品种难以比拟的优势。

此外，黄金还是一种在国际范围内通用的商品，得到了国际上的认可，根本不用发愁你手里的黄金没有买家接手。在很多国家，一般的银行和典当行都会给黄金 90% 以上的短期贷款，而这方面，住房抵押贷款额，则最高不会超过房产评估价值的 70%。

另外一方面，任何地方的股票市场都有可能背后被庄家操作，但是黄金市场则不会有这种现象的出现。因为黄金市场是全球性质的投资市场，在这个世界上，还没有出现一个国家或者机构能有足够的实力控制整个黄金市场。可以说，黄金市场是一个相对透明度较高的市场，给了众多黄金投资者较大的投资保障，这不失为一个投资的明智选择。

黄金交易的另外一个优势是，它的转移不需要任何登记手续，没有诸如住宅、股票等转让必须办理登记过户手续的限制。黄金的转移实现了最大程度上的便利。比如，打算把一栋住宅和一堆黄金送给自己的子女，黄金自由搬走就好了，但是住宅却要办理诸多繁琐的手续。可见，黄金具有无可比拟的流动性。

一般说来，世界经济的发展也决定了黄金的总需求。在微电子领域，越来越多地采用黄金作为保护层；在医学和建筑装饰灯领域，尽管科技的进步使得黄金的替代品不断出现，但是黄金还是以其特殊的金属性质使其需求量仍呈上升的趋势。

今天，中国经济高速发展，居民的储蓄也越来越多。中国已经成为世界上第四大黄金生产国，第三大黄金消费国，可以说黄金投资市场的潜力巨大。随着中国实力的逐渐强大，人民币最终实现自由兑换也并非不可能，黄金具有其特殊的投资战略价值，黄金投资前景非常乐观。

2. 黄金的成色与计量单位

所谓黄金的成色，是指黄金或者黄金制品的纯度，也称为“成”。有些人在市面上购买黄金首饰，以为黄金饰品的品牌就是其成色。其实不然，黄金饰品的品牌只是其设计和品牌附加值，而黄金的成色只是黄金的纯度。

早在公元前200多年，希腊数学家阿基米德就曾为了判断一顶皇冠到底是不是用纯金制作而成的发愁。他在浴盆里洗澡的时候发现了被后人称为“阿基米德比重”定律——浸入液体的物体受到向上的浮力，浮力的大小等于它排开液体的重量。用这样的原理，他圆满地证明了国王的皇冠是否由纯金制作而成的。那么黄金纯度要怎么表示呢？

国际上通行的标准，根据GB11887–89规定，每“开”（英文carat、德文karat的缩写，常写作“K”）含金量为4.166%，所以，各开黄金含金量就如下表示：

8K=8*4.116%=33.328%（333‰）

9K=9*4.116%=37.494%（375‰）

10K=10*4.116%=41.660%（417‰）

12K=12*4.116%=49.992%（500‰）

14K=14*4.116%=58.324%（583‰）

18K=18*4.116%=74.998%（750‰）

20K=20*4.116%=83.320%（833‰）

21K=21*4.116%=87.486%（875‰）

22K=22*4.116%=91.652%（916‰）

24K=24*4.116%=99.984%（999‰）

以这样的方法计算黄金的纯度，24K 金常被认为是纯金，也就是人们通常所说的千足金，是所谓成色最好的金。

在黄金首饰产品上，还会打有文字标记，来表示黄金的成色，我国对黄金制品的印记和标识牌有规定，一般要求有生产企业代号、材料名称、含量印记等，没有印记的就是不合格产品。国际上也是如此，但是有一些特别细小的黄金制品也是允许不打标记的。

有一点需要明确，通常人们所说的千足金，实际上并没有达到“千足”。18K、24K、足金、千足金等这些说法都是表示黄金的成色，足金含金量不低于 990‰，而千足金含金量则不低于 999‰。24K 金理论上纯度为 1000‰，但是俗话说，人无完人，金无足赤。一般人们所讲的 24K 黄金，其纯度也就是不低于 999.9‰，并不能达到 1000‰。

通常说来，黄金的成色越高，其价格也就越贵，低纯度的 K 金的价格则相对较低，但是足金和千足金的价格差距并不大。我们平常购买的黄金首饰，是以 18K 或者千足金居多的，而用于投资的金条，纯度则一般是 999.9‰，因此千足金也叫做 999 金，投资金条则叫做 9999 金，或者万足金。而现实生活中，只要黄金的含金量达到了 99.6.% 以上，就能成为 24K 金，同时低于 9K 的黄金首饰是不能称之为黄金首饰的。

关于黄金的计量单位，我国历史上曾经使用过几种计量单位，诸如斤、镒、铤和两等。但是随着历史的发展，度量衡制也随之发生变化，黄金的计量单位也发生着变化，新中国成立之后，重量单位方面，我国采取国际统一的单位，将重量单位统一为克、千克和吨。目前，我国采用的黄金计量单位就是国际标准重量单位——克、千克和吨。

虽然重量单位在国际上有统一标准，但是不同的国家因为其交易习惯和交易规则的不同，仍然存在不同的黄金计量单位：

（1）盎司

盎司可以分为两种，一种是常衡盎司，另一种是金衡盎司。在国际黄金计量单位中所指的盎司就是指金衡盎司，是专门用于黄金等贵金属商品的交易计量单位。1 盎司 =31.103481 克（1 常衡盎司 =28.3495 克）。目前在中国国内一般还是习惯采用克来作黄金的计量单位，但是在现在的国际市场上约定俗成的习惯计量单位是盎司，国内的黄金投资者投资黄金必须首先习惯适应这种计量单位上的差异。

（2）司马两

司马两是目前的香港黄金市场上常用的交易计量单位，其折算如下：1 司马两 =1.203354 金衡盎司 =37.42849791 克。

（3）两

“两”这种计量单位还分为“漕平两”、“小两”和“市两”三种，两是我国的传统计量单位。

“漕平两”是我国明末清初时期杆秤单位，是旧中国黄金交易中国经常使用的计量单位。这三种“两”之间的换算如下：

1 斤 =16 漕平两

1 漕平两 =1.004711 金衡盎司 =31.24997809 克。

（4）托拉

托拉这个黄金计量单位主要通行于南亚地区的新德里、卡拉奇和孟买等黄金市场中的交易，也是国际市场上比较常见的黄金交易单位，本来是源自印度的一种货币标准交易单位，其折算方法是：

1 托拉 =0.375 金衡盎司 =11.6638 克。

除此之外，黄金的计量单位还有盘、日本两、市制单位等。

3．区分金、包金、稀金与K金

单纯讲金，是指金这种金属元素，金的单质通常称为“黄金”，是一种非常贵重的金属。无论是在古代社会，近代社会，还是现代社会，黄金都具有很高的保值和增值功能。纯黄金在火焰的烤炙下也是不会融化的，也正是人们经常说的“真金不怕火炼”。

这种带有黄色光泽的贵金属，是金属王国里最珍贵，也是最罕有的金属之一。在各个时代，黄金都被赋予了神话般的力量，在历史的长河里诱惑着人们，也折磨着人们。黄金按照其来源的不同以及提炼后元素含量的不同可以分为生金和熟金。

生金也成为天然金、荒金、原金，是从矿山或者河底冲基层开采的没有经过融化提炼的黄金。熟金是生金经过冶炼、提纯后的黄金，一般纯度也比较高，这种黄金有的可以直接用于工业生产，常见的有金条、金块、金锭，各种不同的饰品、器皿、金币等。通常作为投资对象的就是熟金。

黄金、包金、稀金和K金这四个名词的虽然都带有“金”字，但是它们却是完全不同的几个概念，其价值也很悬殊。

黄金自不必多说，包金则是指在非黄金的原材料制品上涂上一层黄金，使原本并不是由黄金制作的产品看起来拥有和黄金一样的光泽和质地。目前市场上有很多包金首饰，这类的首饰看起来和真黄金首饰并没有什么差别，金光灿烂，五彩缤纷，令顾客们爱不释手。同时因为其低廉的价格，备受人们的青睐。

而包金并不是真正的黄金，其内在的材料并不是黄金、白银之类的贵重金属，而是铝、锌、铅等合金材料，这些产品外面被裹上了一层黄金，黄金就像是包装纸一样将内在的物质包复起来，起到了装饰的作用，外表看起来和黄金饰品也并没有区别，而且一些制作精良的包金首饰其耐磨度也很高，甚至能够和黄金首饰相媲美。

包金首饰的优劣主要依赖于包金工艺的成败。在美国，包金首饰行业管理比较规范，在美国生产的包金首饰必须注明其特征和K金所占比例，否则就是不合格。如果包金材料采取了10K以下的黄金，或者包金重量不到整个首饰的二十分之一，是不能用“包金”这个名称的。

稀金材料是一种主要以铜为原料，添加稀土以及其他成分组成的新颖的仿金材料，用稀金材料制作的首饰就是稀金首饰。稀金的耐磨性也很好，质地坚硬，其色泽也极其酷似黄金，具有不容易褪色的特点。正是其有这些优点，比一般的仿金材料都要优良，稀金也成为一种比较高档的制造仿金首饰的材料。

使用黄金制作首饰，价格较为昂贵，而用一般的镀黄仿金首饰，价格虽然便宜，但是镀层却容易变色，失去光泽，也就失去了装饰的作用。稀金制成的首饰色泽类似18K或20K的黄金色，不容易氧化褪色，很适合日常佩戴。

最近，国内有些厂家开发出来了一种新的稀金首饰，叫做稀金磁性药物保健首饰，这种首饰除了具有一般稀金首饰的特点之外，还具有一定的医疗保健作用，对一些常见的疾病和慢性疾病有一定的治疗功效。

但是需要注意的是，稀金首饰虽然从色泽上看起来可以呈18K或20K黄金色，但是它并不是K金，不能误当为K金，那么什么是K金呢？

K金是一种合金，是根据铜和银的比例，按照足金为24K的公式配制而成的黄金和其他金属熔合而成的合金。K金的“K”是外来语“Karat”一词的编写，完整的表示方法是“Karatgold”，也就是“K黄金”。K值的大小代表黄金的纯度，一般说来，含银较多的K金色泽比较青，而含铜较多的K金，色泽比较紫。K金的特点就是成本较低，颜色可以配制，不容易磨损和变形。

用“K”来计算黄金的含量的方法出于地中海沿岸的一种角豆树，角豆树开淡红色的话，结的豆荚长约15厘米，豆仁可以制胶。这种树无论长在什么地方，结的豆仁大小都完全一样，因此古时候人们就把它作为测定重量的标准，久而久之，它就成为一种重量单位，用来测量珍贵或者细微的物品。那时候，钻石和黄金的计量也使用这种单位，也就是“Karat”，直到1914年，国际上才把“Karat”规定为现在的标准。

按照国际标准，K 金分为 24 种，即 1K 到 24K，但是作为首饰用的 K 金种类还没有这么多，现在世界各国采用的首饰材料都不低于 8K，实际上真正算作首饰用的 K 金也就是 17 种。在这 17 种 K 金材料中，18K 和 14K 又是使用最多的。

4. 黄金的主要用途

黄金的华贵特征，让它自古以外广受追捧，最常见的是珠宝装饰品。而黄金的货币商品属性决定了黄金被广泛用于金融储备。由于黄金的优良特性，历史上黄金充当货币的职能，如价值尺度、流通手段、储藏手段、支付手段和世界货币。

在世人眼里，黄金这种贵金属有着神奇的魔力，它稀少、珍贵，值稳定，是财富和身份的象征，历来是人们追求的目标且地位长盛不衰。人人都知道，拥有黄金就等于拥有财富，这是黄金独特的特性决定的。黄金的化学性质稳定，其重量和外形都不容易发生变化，这也是其成为人类最早开采和使用的一种金属的原因。也正因为此，黄金被称作金属之王，一直以来人们主要用它作金融储备、货币、首饰。

当然，黄金的用途不只局限在这几个领域。随着社会经济的发展，黄金的经济地位和应用在不断地发生变化。20 世纪 70 年代以来黄金与美元脱钩后，黄金的货币职能在减弱，除了金融储备等功能外，黄金的投资功能逐渐显露出来，黄金投资开始兴起，黄金作为一种投资品被投资者用于投资领域。

黄金用在工业技术方面的时间也就只有几十年，但是随着现代工业、农业和航天电子工业以及信息技术、新能源、新材料的迅速发展，为黄金的应用开拓了广泛的领域，可以说 1950 年之后是黄金的工业时期。

自人类开采黄金以来到 1986 年为止，世界累计开采黄金 10.77 万吨。这些黄金的大部分以各种形式存在于世间。有人估计，其中 40% 是以各种镶金珠宝、货币保存着；有 40% 以金锭的形式储存在各国金库中；另有 20% 被损失和被工业消耗掉。

起初，黄金只是作为装饰和货币使用，这主要是由其特殊的性质决定的，但是随着科学技术和经济的发展，工业上黄金的使用也逐渐拓宽。

在电子工业里，因为黄金的优异稳定性，良好的导电导热性能，使得其在电子工业上的用途愈来愈广泛。特别是现代社会宇航技术的发展，要求稳定性能很高的无线电电子元件越来越多，比如高级真空管的涂料，特种用途的电力接头，特种精密电子仪器中用的拉丝导线，电镀金的高频导体以及高温焊接用金合金，以及在计算机、收音机、电视机、收录机等方面用的涂金集成电路等。据报道，1987 年全世界电子工业需求量 123 吨，占总需求量的 7.7%。

在化学工业中，也有独特的用途，比如化工厂用的材料，人造纤维类工厂用的合金喷丝头等。航天工业中，金的用途也在发展与开拓之中。飞机和其他空间运输工具中用的镀金红外装置和热反射器，喷气发动机和火箭发动机用涂金防热罩或热遮护板以及飞机、汽车、轮船等交通工具涂有薄层金的热挡玻璃等。

金具有高反射率兼低辐射率的性能，所以镀金可以用在各种宇宙仪表上，这样就可以防止太阳的辐射，反射掉 100% 的红外线。同时还可以用在其他防止辐射的场合，比如喷气式发动机的油嘴上和宇航装置的燃料部件上。金还可以用在建筑物窗玻璃上的金属处理，在炎热的夏天，玻璃窗上的薄金膜可以反射红外线，使得室内更加凉爽。如果电流通过这种玻璃，玻璃则会获得透明不污的性能。

此外，金还是最佳的固体润滑剂中的软金属材料。用黄金制成的固体润滑材料被用作在真空和一些不良气氛条件下运转的机械润滑。金可以通过复合电沉积法制成固体润滑的复合材料，由复合电沉积法制备的镀层有良好的综合性能。金的固体润滑剂的出现，弥补了轴承材料的不足和润滑脂性能的缺欠，满足了航空航天和其他就产品在苛刻条件下润滑的需要，比如在人造卫星上的天线系统、太阳能电池帆板机构、红外线摄像自润滑轴承、光学仪器的驱动机构、温度控制机构、星箭分离机构和卫星搭载机构、导弹防卫系统、原子能机械系统等等。

测量技术中，黄金以及合金用于制造精密电位计、热电偶、电阻温度计等。医学上，大量金及合金用于制造牙套和假牙，含金盐医用药剂可以用来治疗结核、风湿性关节炎等多种疾病，放射性金还可以用来治疗恶性肿瘤。科学研究方面，金用于捕获慢中子，利用金的放射性同位素研究金属和合金中的扩散过程等。

可见，黄金在新兴工业和科学研究领域具有其他金属不可取代的地位，除此之外，黄金在传统工业中同样有应用，镶牙业、照相和制笔等传统工业里，黄金的应用仍具有一定的消耗量。日本某大学原子能研究所秋洪良三发现金晶体堆积，可以构成超导薄膜，预计，随着科学的发展和新技术的不断出现，黄金的应用领域也将不断扩大。

5．作为货币的黄金

黄金按照其流通领域来看，可以分为货币性黄金和非货币性黄金。在一个国家的国际收支平衡表中，有关黄金交易一般出现在两个项目上，一是在资本和金融项目及储备项目上，另一个是在经常项目上。前者就是货币性黄金，后者就是非货币性黄金。

在金本位制度下，货币性黄金表明一个国家国际收支状况，在浮动汇率制度下则表明一国政府及金融机构所持有的用作国际储备的黄金的增减。要想了解黄金的货币属性，必须从黄金和人类社会货币制度的关系入手，这同样是正确把握黄金投资的前提。

在人类历史文明发展的过程中，因为社会分工和社会结构的分化，物质生活和生产资料为基础的社会经济资源的分配和交换变得更为重要。人类探索出的解决这一问题的方法就是创造某种交易媒介，货币和交易制度等价交换。黄金的物理属性以及其在地球上的稀缺性，使得黄金体积小、价值高的特性成为交易媒介——也就是货币——的最佳选择。

最初，人们使用盐或者牛作为货币，但是渐渐人们发现盐、牛作为货币具有天然的不足。货币应当既是人们想要的，优势相对稀有的。盐和牛能够满足以上的条件，但是在盐和牛很充足的地方，它们作为货币的功能就不强了。

首先，货币要具有兑换性，也就是说，一个单位的货币能够用另一个单位的货币来代替，代替过程中不会发生价值的变化，如果货币能够被分割，那么它就能更好地履行职责。盐可以轻易地由一堆分为两堆，而牛要一分为二或者更多的话，那牛的价值就会明显低很多。

其次，货币还要有耐久性，盐经过适当的保存具有一定的耐久性，但是牛经过一段时间后就没有价值了。随着时间的推移，人们开始使用金属作为货币，最初的金属货币是原生态的条块形状，以重量作为单位，每次交易都要提前进行分割。但是这种每次都需要的鉴定、称重和分割，这些工作都很繁琐，甚至还有可能因为金属成色的不统一引起纠纷，这对商品的交易极为不便。特别是交易超过国家的界限后，不统一的货币越发成为交易的障碍。

后来出现了铸币，这极大地方便了交易的进行，但是到了封建社会末期，铸币为代表的货币流通系统紊乱，又开始阻碍商品经济的发展，而资本主义社会的发展要求有统一的货币制度，人们发现黄金既能满足兑换、耐久、可分割三个条件，正是由于黄金有那么多合适作为货币的属性，所以在自由经济中，人们自然地选择了黄金作为货币。

资本主义制度建立之后，商品经济规模也逐渐扩大，人们对货币的需求也开始增加，货币和交易制度已经成为社会经济发展和社会经济资源有效配置的基础。因此19世纪末到20世纪上半期资本主义各国普遍实行一种货币制度，就是金本位制度。

金本位制度规定黄金就是货币，在国际上是硬通货。金本位制度的主要内容有：

（1）用黄金来规定所发行货币代表的价值，每一货币单位都有法定的含金量，各国货币按其所含黄金的重量而形成一定的比价关系。

（2）金币可以自由铸造，任何人都能自由地将尽快交给国家造币厂铸造成金币，或者以金币按照法定的含金量向造币厂换回相当价值的金砖。

（3）金币是无限法偿的货币，具有无限制支付手段的权利。

（4）各国的货币储备都是黄金，国际结算也使用黄金，黄金可以自由输出或者输入，当国际贸易出现赤字的时候，可以用黄金完成支付。

可见，金本位制度具有自由铸造、自由兑换和自由输入输出三个特点。也就是随着金本位制度的形成，黄金承担了商品交换的一般等价物，成为商品交换过程中的媒介，可以说金本位制度就是黄金货币属性表现的高峰。

6．国家为何进行黄金储备

世界各国储备黄金是由黄金的货币商品属性决定的。黄金天然具有优良的特性，在历史上，黄金就已开始充当货币的职能——价值尺度，流通手段，储藏手段，支付手段和历史货币等。随着经济的不断发展，黄金已经退出商品流通领域，但是仍然保持一定的货币功能。目前很多国家，包括西方主要国家的国际储备中，黄金仍然占据着很重要的位置。

黄金储备是一个国家货币持有的，用来平衡其国际收支的，维持并影响着一国的汇率水平。黄金储备能够最大可能地实现黄金的流动性和收益性。但是此处需要考虑的问题是黄金储备在流动性上有其自身的局限性，因此应该考虑好黄金储备的规模问题。

为什么世界上每个国家都在储备黄金呢？俗话说，把所有的鸡蛋放在一个篮子里并不是明智的选择，不管是哪种资产组合，把所有的筹码放在一个篮子里都是愚蠢的。黄金的价格自然也有波动，但是储备中的货币汇率和利率同样会有波动，加上黄金组成的储备多元化，比单一储备的做法更能稳定投资回报，所以国家进行黄金储备是很必要的，个人投资中多元投资也是必要的。

黄金储备可以说是一个国家的经济保障，在一国经济发展中发挥着极其重要的作用，对稳定国有经济，保持币值稳定都有重要的积极作用。而且黄金作为一项独特的资产，不受任何国家货币政策和财政的直接影响，所以即使国家发生通货膨胀，黄金也不会变质，因此并不存在风险，所以有人说：家中存点黄金就不怕发生通货膨胀。

黄金储备还是一个国家的物质保障。过去，很多国家实行的都是外汇管制（一国政府为平衡国际收支和维持本国货币汇率而对外汇进出实行的限制性措施），更有甚者在情况危急时候冻结全部外汇资产，这些措施通常会对由外国证券构成的储备产生很大影响。但是如果国家储备里有黄金就不同了，这样负面影响就会小很多。而储备的作用是以备急用，完全流动性是至关重要的，毋庸置疑，黄金恰恰具有这样的特性。

到了现代社会，黄金储备则越来越作为一个国家实力的标志。目前，世界黄金总储量为37650吨，这个数字是世界黄金年产量的13倍。在这些黄金产量中，有1000吨以上和国家和组织有关系：美国、德国、法国、意大利、瑞士乙级国际货币基金组织。这些国家和组织中以美国的黄金储备最多，多达8136.9吨。达到百吨以上的国家和地区就有32个，不到十吨的有47个。我国的黄金储备现在已经达到1054.1吨。

从这些数字不难看出，国家实力越是强大，其黄金储备也就越多。这足以说明黄金仍然是国家综合实力的标志。因此，黄金储备历来为世界各国，尤其是发达国家所重视。无论对国家还是个人来说，进行黄金储备都是顺利度过危机的救命稻草。

此外，黄金不容易毁损，不像纸币以及其他金属一样容易变质。如果某个国家的政府持有大量的黄金，就不会那么轻易失去民心。有些国家已经明确认可黄金对本国货币有着强有力的支持作用。黄金的清偿能力极强，各国官方储备黄金也主要是要把黄金作为国际支付的准备金，这样，国家储备黄金的多少就和其外债偿付能力有密切的关系。一国的储备中如果有黄金，评级机构也会对它大开绿灯，可以说，黄金储备有利于提高一国的资信度。国家如此，单位如此，个人也是如此。如果你的家里有200两黄金，那么你的信用度自然不会低。

黄金储备之所以历来不会受到国家的忽视，一个重要的原因就是黄金是国家战略储备的主题，是不容忽视的。美国的战略储备黄金就占到其总数的65.5%，荷兰这一比例达到了45.5%，法国41.9%，意大利45.9%，瑞士39.9%，巴基斯坦32.6%，所以在中国也有句话，叫做“大炮一响，黄金万两”。

既然黄金储备具有如此重要的作用，不免就会有人提出这样的质疑："中国的黄金储备是不是太少了"，黄金问题专家刘涛曾经表示："增加中国黄金储备是非常必要的。"特别是人民币汇率改革之后，参考一揽子货币之后，一篮子货币体系中到底有没有黄金还是值得关注的。目前，国际形势动荡不安，恐怖袭击不断发生，国家之间的摩擦大有升级之势，相应地增加黄金储备还是很有必要的。

7．中国的黄金产地

中国具有悠久的历史，有五千多年的文明历史，是世界上四大文明古国之一。在漫长的发展岁月里，中国依次经历了原始社会、奴隶社会、封建社会等各个历史发展阶段。奴隶社会始于夏代，经过商代和西周，一共有一千六百年的时间，这期间，古代先民开创了灿烂的文化，创造了丰富多彩的物质文明，黄金被发现、生产和利用就是明显的一例。

早在夏朝，中国就已经有黄金出产了。中国早期的黄金产地，从现在已经发掘出的文物遗存角度看，主要在黄河中下游以及相邻地带，比如今天的河南、山西、河北等省。

到了秦汉时期，黄金的开采已经开始较具规模，而且开采量比较大。汉代时候，黄金的地位一再提升，汉武帝让列侯们向政府交纳做祭祀用的黄金。西汉时期的黄金产地主要分布在金沙江两岸，先秦时候生产黄金的汝河、汉水在西汉时期仍然是重要的采金地区。此外，安徽的陵阳、江西的鄱阳，以及新疆地区的南山一代。

东汉时期，中国的黄金产地又增加了四川、云南两省，特别是川西平原的绵阳、广元一代盛产砂金，至今这些地区的小河谷溪流地道仍有零星的民间采金者，使用原始的木盘等简单机械在河床上淘洗砂金，据说一天最好的时候也只能淘洗出几克重的金砂。此外，四川雅安地区和云南保山地区，也是重要的采金地。

从唐代开始，一直到清代，砂金的淘采和金矿的开采在全国各地都有分布，主要集中在四川、云南、湖南、山东、广西、新疆、贵州、湖北和陕甘等地。

唐代时候黄金产地以南方的广西上林县、湖南常德地区的矿金为主，宋代，南方各地的砂金淘采盛况空前。元代时候金矿产地更多，政府也很重视黄金的开采，使更多的地区发现砂金矿并开发甚久，比如山东的益都、栖霞，云南的大理、楚雄、昭通等地。到了明代，黄金的开采仍然以云南丽江地区和四川北部的广元、潼川、昭化、巴州为主。这些地区大都是黄金的老产区。明代时候，金矿产区分布仍然以四川、云南、陕甘、湖南为主。

中国当代黄金开采基本上实行国家专营，私人禁止采矿。现代科技的应用使得金矿矿源勘探非个人能力所能承担，一般只有在传统的产金区还有零星的私人淘采。中国黄金开采基本上由中国黄金有限公司垄断，各地也有地方国营黄金公司，全国诞生了一大批著名的“黄金之乡”。我国产黄金的前十个省：山东、河南、福建、内蒙古、湖南、陕西、新疆、贵州、甘肃、吉林。

黑龙江省金矿。漠河金矿和呼玛尔河金矿历史悠久，在清朝历史中就有记载。70年代发现了团结沟金矿，80年代发现了老座山金矿，并已大规模开发。黑龙江有大小金矿点约400多处，其中沙金矿300多处，脉石金70余处。黄金产量稳步增长。黑龙江省的金矿主要分布在漠河、呼玛、爱辉、萝北、桦南、穆棱和东宁等处，由北到南形成“金子镶边”，聚积区面积一般为500~2000平方公里，最大为6000平方公里。

吉林省金矿。吉林省的桦甸县夹皮沟金矿历史悠久，清朝同治年间，曾有记载日得黄金500两的记录，盛况空前。直到现在夹皮沟的金矿仍是吉林省的重要产金之地。目前有金矿产地16处，计有沙金和矿山金矿点150余个，重要的黄金产地有二道甸子、集安县金厂沟、双河镇、夹皮沟、海沟、金城洞金矿、通化、鹁鸽砬子金矿、刺猬沟金矿和珲春河沙金矿等。

辽宁省金矿。辽宁省的黄金开采历史悠久，全省有采金矿点200余处。主要分布在辽东和辽西一带。在靠近内蒙古的昭乌达盟处，也有黄金出产，重要的大型黄金产地有五龙、四道沟、金厂沟梁等处，中小型金矿有北票、二道沟、寇半沟毛家庄、奈林沟等多处。

河北省金矿。该省的采矿历史可上溯到隋唐时代，明清时河北省的黄金开采已颇具规模。全省的金矿主要在承德、唐山、张家口等地，共有采金矿点530多处，分布在7个地区的32个县内。特点是矿点多分散，且规模小。

山东省金矿。该省金矿开采至少可追溯到北宋时代。目前已成为我国重要的黄金生产基地之一。黄金的总产值、产量、利润、创外汇和黄金储量，均居全国首位。国家投资新建和改建的焦家、新城、沂南、乳山四个大中型矿山，为山东省的黄金生产展示了良好的前景。现在，在全国10个重点金矿中，山东省就占5个，其中有驰名中外的招远金矿和三山岛金矿。近几年，山东省的群众采金事业也发展很快，有烟台、临沂等地区的采金矿点250多处。山东省的黄金主要集中在胶东半岛的招远——掖县一带，产地较为集中，易于大规模开采。

山西省金矿。该省金矿至少可追溯到元代。19世纪30年代，仅山西代县张寺沟一地，淘金者就有约2万人。山西省的金矿生产采用国营和民采相结合的方式，其中以民采为主。令人瞩目的是，山西省的大块自然金较多，从几十克到70两不等。目前该省至少有采金矿点85处，主要分布在恒山、五台山、狐堰山、塔儿山和中条山等地区。

陕西省金矿。秦岭之南、汉江两岸是陕西省的黄金宝地。早在唐朝就已被列为贡金之地。地处陕西和河南交界的小柔岭金矿，是一个特大型金矿。在恒口盆地也有一个大型沙金矿，品位稳定，埋藏浅，易于开采。同时在恒口沙金矿两端又发现了两个中型沙金矿。汉中盆地简直就是一个聚宝盆。目前又在汉中的阳平关发现了阳平关大金矿，矿体品位高而稳定，经济价值和开采价值都极佳。

湖南省金矿。湖南省的金矿开采比其他省都早，东周时期已有记载。古代的淘金场在衡阳以西燕水两岸，连绵达数十公里，在洪罗庙、隆古堂一带，古采金井竟有1000多个。湖南的金矿，经过2000余年的开采，浅部高矿已经基本上开发殆尽，但地下的黄金资源仍然十分丰富。全省的伴生金矿有数十处，适于综合开采。含金石英脉，集中分布在湘中、湘东和湘西三个构造隆地区。

除上述产地外，还有四川、浙江、新疆、青海、内蒙古、广西、河南、台湾等黄金产量也相当可观。

第四章

跟着黄金市场趋势做投资

CHAPTER4

黄金具有保值的功能，这也正是它在各类金融危机中经久不衰的原因之一。现在，越来越多的人选择投资黄金，无疑有利于投资市场的发展与成熟。但是，对个人投资者来说，黄金市场还是存在很多投资风险的，因此把握好市场趋势才能获得更好的收益。

1. 了解黄金的供给

人类和黄金的关系越来越密切，黄金作为一种商品，它的价格同样会受到供给和需求关系的左右。第二次世界大战之后，新产黄金量一直占到世界黄金市场供应总量的一半以上，但是黄金的价格变动还会受到其他供给的影响。

（1）产金国的黄金供给

产金国的黄金是黄金供给的主要来源，现在，全世界有50多个国家进行黄金的工业开采。产金国开采的黄金是直接增加整个世界的黄金存量的唯一来源，新产黄金的出售构成黄金初始供应，也是影响黄金市价的重要因素。

反之，黄金市价的变动对黄金的生产也会产生反作用，如果黄金市价较高，黄金的销售在扣除了生产成本等费用后仍然有较大幅度的利润，就能刺激黄金的生产，黄金的产量就会随之增加，进而抑制黄金的价格。黄金市价较低，黄金生产的积极性就会受到挫折，从而减少黄金供应，又会推动金价上涨。可见新产黄金的供给和黄金的市价存在互为因果关系。

近些年来，世界黄金总产量仍然维持这稳定的水平，虽然有些国家的黄金产量有所提高，比如中国、意大利、印度尼西亚的黄金产量都在增加，但是南非和美国等黄金生产大国的黄金产量在下降。

南非的黄金年产量下降到了200多吨，此外，金矿长期投资周期长、开采成本高，如果在一个地方勘探出黄金，按照正常的程序需要6年才能生产出黄金，因为仅仅地质探矿就需要两到三年的时间，然后再做工程，开采矿石，再冶炼，最快也需要四到五年的时间。从历史数据来看，全世界的矿产金数量不可能在短时间内快速增长。因此可以得出的结论是，未来几年间，世界黄金产量不会变化很大，黄金数量依然比较稳定。

（2）官方机构售金

官方机构的售金活动主要指国家和央行出售黄金，这也是影响黄金价格的一个不确定因素。世界各国的央行拥有全球大约 20% 的黄金，美国虽然在尼克松总统时代废除了金本位制度，但是仍旧是全球最大的黄金准备，超过了 8000 吨，价值到 1530 亿美元。卡特政府以来，美国就不再大量出卖黄金。

根据英国黄金矿业服务公司统计，黄金作为储备资产的作用被各国央行越来越重视，全球官方的售金有所下降。世界黄金协会统计显示，在第二份售金协议 5 年内欧洲央行共有黄金 1871 吨，只相当于 2500 吨的 75%，2009 年 9 月欧洲各国央行达成协议，将黄金未来五年销售上限从目前的 2500 吨削减到 2000 吨。

（3）私人抛售黄金

今天，收藏黄金的人越来越多。据统计，到 2007 年底，私人持有作为民间首饰的黄金达到 24000 吨，投资黄金数量达到 23000 吨。销售黄金首饰和黄金投资满足了人们报纸、盈利或者投机的需要。这些人里有存量很大的人，比如伦敦市场和苏黎世市场的大金商，当然也有一些小数目交易的金银收藏者，更多的是普通金饰品持有者。

（4）镀金回收再次销售

含有黄金的工业废品回收熔化后，经过再次冶炼出售，也是黄金市场供应的一个来源。根据相关方面统计，这类黄金供给最多的年份达到 2000 万盎司之多。但是这一渠道供应的黄金量随着金价的涨落而变化，高价年份供应就会增加，低价年份供应就会减少。

2013 年来一些银行向金矿公司发放贷款，金矿公司用日后生产的黄金来偿还，而其中相当一部分黄金被银行抛售到市场中，就能增加黄金的短期供给。另外，美国发行的黄金证券以及一些国家出售的金币也是市场上黄金供给的一个来源。

2. 黄金的市场需求

时下，友人之间相互之间送礼物什么最火热？毋庸置疑，就是购买金条送人。很多人觉得，买金条送人，既方便又体面，被送者收到黄金既可以作为收藏，还可以作为一种投资，可谓是一举两得。

深圳某黄金公司的资料显示，购买金条作为礼物已经渐渐成为一种趋势，这家黄金公司的一位负责人说："送200克的黄金，大概四万多元，是收藏，更是投资。"而且，资料显示，购买黄金的主要人群是老板、公务员和企业白领。

从古到今，很多地方的女孩子结婚，长辈们都喜欢赠送新人黄金首饰，他们通常会购买金饰或者金条当做礼物送给新人。2008年开始，购买黄金首饰的人比之前更多，黄金旺季也一直持续到了年底，一直到2011年，金饰和金条的购买和收藏依然很火热。

2008年开始，我国的楼市和股市分别出现不同程度的低迷，因此越来越多的人转而购买黄金进行投资。广东一家房地产代理公司对26岁到46岁白领阶层进行调查，调查结果发现，有12%的人因为楼市的低迷打算转入黄金投资领域，在投资渠道意向分析中，股票投资占到了38%，房地产投资占到了34%，黄金投资占到了12%。

2010年中国金条和金币市场的需求量上升了70%，需求量达到了179.9吨，甚至超过了美国和德国，成为世界上仅次于印度的第二大黄金投资市场。现在，受世界经济大环境的影响，在今后一段时间里，黄金的投资需求会继续走高。

小李在一家外企工作，2012年，他和哥哥每人拿出20万元进行投资，哥哥选择了投资股票市场，而他选择了一部分投资股票市场，另一部分用来进军黄金市场。结果，哥哥亏损，只剩下10万元，而小李因为分开投资，降低了投资的风险，直到现在，仍然每个月都有获利。

可见，黄金的市场价值之一就是作为投资对象，为投资者们带来利益。除此之外，黄金还有工业和首饰方面的需求。

工业需求方面，作为五金之王，黄金是少见的化学、物理、电子性能优异的金属，应用领域非常广泛。比如，日本黄金年消费量在160吨左右，其中的工业用途就达到了100吨。

一般说来，世界经济的发展速度决定了黄金的工业总需求，比如在微电子领域，越来越多的需要使用黄金作为保护层。电子行业发展飞速，对电子产品的可靠性要求越来越高，而黄金还具有其他金属无法替代的高稳定性。同时，电子产品日益微型化，单位用金量也很小，对产品的成本构不成威胁。所以，越来越多电子元件使用黄金作为原材料。

在医学方面以及建筑装饰等领域，尽管科技的进步使得黄金替代品不断出现，但是黄金仍然以特殊的金属性质使其需求量仍然不断上升。在航空航天领域，黄金由于其高耐温、耐腐蚀性，随着大量航空航天技术应用在民间，黄金在这些方面的市场前景也很被看好。

黄金还可以用在日用品生产方面，比如镀金钟表、皮带扣、打火机、钢笔等。在钟表王国瑞士，其饰品业每年用金量达到40吨左右，95%左右都用在制表业上。我国人民生活水平不断提高，电镀用金的前景也可谓十分广阔。

目前的黄金需求，除了投资和工业方面的需求，还有首饰方面的需求，这一部分占到了黄金市场需求的70%以上。亚洲的居民，特别是中国和印度都有消费黄金和收藏黄金的传统和习惯，同时这两个大国的经济飞速发展，居民经济收入也在快速提高。收入的提高也带来了黄金饰品消费的明显增加。

3. 美元对黄金价格的影响

国际上的黄金价格是用美元计价的，因此黄金的价格和美元的走势有很密切的互动关系，通常呈现出来的形式是：美元涨，黄金价格就跌；美元跌，黄金价格就上涨，是一种逆向互动的关系。

但是在某些特殊时段，特别是黄金走势非常强或者非常弱的时期，黄金价格也有可能摆脱美元的走势影响。比如在2005年的第四季度，由于国际对冲基金普遍看好石油和贵金属等商品类的投资品种，大资金纷纷介入黄金市场，导致黄金价格和美元的价格互动关系一度失效，金价出现短期的独立走势。

虽然黄金价格和美元有脱节的时候，但是在基本面和资金面以及供求关系等因素都正常的情况下，黄金和美元的逆向互动关系仍然是投资者判断金价走势的重要依据。比如2006年5月国家金价从730美元回落到541美元，引起金价大跌的主要原因之一就是市场当时预计美元会再次加息，美元可能出现强劲反弹，大量的资金从贵金属、有色金属等商品市场撤离，导致黄金价格深幅调整。

美元汇率对黄金价格的影响很大，可以说是影响金价波动的重要因素之一，在一般情况下，美元的坚挺代表了美国国内有着十分良好的经济形势，在良好的经济形势下，人们将会争相追捧美国国内的股票和债券，这种背景下，黄金作为价值贮藏手段的功能就会很容易被人们忽略，但是如果美元的汇率有所下降，这往往代表着通货膨胀、股市低迷等情况出现，这种情况下，黄金的保值功能就能被人们所记起，大家会重新加强对黄金的投资。

之所以如此，是因为黄金价值含量高，在美元贬值或者通货膨胀的时候，人们就很容易想起来用黄金来保值，自然就会加剧并刺激黄金的价格，使其上涨。

这里还有一个概念，就是美元指数，在黄金的投资中，我们通常听到这样的说法："黄金价格和美元指数通常表现为负相关。"这里指的通常是指实践里长期的大概率表现，这种概率是事件本身固有的不随人的主观意愿改变的属性。也就是说，关注黄金价格的时候是可以参考美元指数的，黄金价格和黄金指数仍具有负相关的表现。

美元指数，是由纽约棉花交易所于 1985 年制定的美元指数期货计算原则。以全球各主要国家与美国之间的贸易结算量为基础，以加权的方式计算出美元的整体强弱程度，以 100 点为强弱分界线、美元兑欧元、日元、英镑、加拿大元、瑞典克朗以及瑞士法郎这六种货币的汇率加权而成的平均数，币别指数权重（%）为欧元 57.6、日元 13.6、英镑 11.9、加拿大元 9.1、瑞典克朗 4.2、瑞士法郎 3.6。当前的美元指数水准反映了美元相对于 1973 年基准点的平均值。美元指数是一个相对比值，它是美元相对于其他货币的相对价格。

我们将美元指数与黄金价格分为两个阶段考虑：

第一个阶段，1985 年到 1995 年的十年间，美元指数自开盘的 125 点，一直下跌到 80 点，而黄金一直在 400 美元上下盘整；1995 年到 2001 年的七年间，美国实行强势美元政策，美元指数重新回到 120 点，而此时的黄金价格也从 400 美元跌到 250 美元；2002 年之后，美国放弃了执行 7 年的强势美元政策，开始允许美元贬值；2002 年到 2008 年的 6 年间，美元指数从 120 点又回到 80 点，而黄金迎来大牛市，价格从 250 美元一路涨到 660 美元。

无论涨幅谁大谁小，1995 年到 2008 年的 13 年的时间里，黄金与美元指数保持着"负相关"关系即美元升值，黄金价格下跌；美元贬值，黄金价格上涨。

第二个阶段，2008 年至今。2008 年美国发生了金融危机，从此开始美元指数和黄金价格发生了微妙的变化。美元指数与黄金价格同涨同跌的现象越来越多，整体上，在去年上半年因为欧元的总体走弱和美国经济 6 月中旬前的数据令市场看好美国复苏步伐，使得黄金和美元处于同升中。美元指数和黄金在 6 月共同攀升至全年最高 88.71。又如 2011 年 11 月 7 日在避险情绪的推动下，再一次出现了美元和黄金同涨的局面。

因此，美元指数与黄金价格确实存在着一定程度的负相关关系，但在黄金价格的发展趋势上来讲，黄金会慢慢走出独立行情，而不仅仅依靠美元指数，除此之外，突发事件的发生，会降低美元对黄金的解释力。这种情况下，我们需要找到更多的参照指标来判断黄金价格走势。

4．利率对黄金价格的影响

利率，就它的表现形式来看，是一定时期内利息额同借贷资本总额的比率，马克思认为，利率是剩余价值的一部分，是借贷资本家参与剩余价值分配的一种表现形式。利率通常由国家的中央银行控制，在美国则由联邦储备委员会管理，现在所有的国家都将利率作为宏观经济调控的一个重要工具。

当经济过热或通货膨胀上升的时候，国家就会提高利率，收紧信贷；当过热的经济和上升的通货膨胀得到有效的控制后，国家就会相对把利率降低。某种货币的利率上升，那么持有该种货币的利息收益就会增加，吸引投资者买该种货币，因此，对该货币就有利好的支持，相反该种货币的吸引力就会减弱。甚至可以说“利率上升，货币强；利率下降，货币弱”。

黄金的价格受到利率的影响，可是却是受扣除通胀后的实际利率水平的影响。扣除通货膨胀后的实际利率是持有黄金的机会成本，实际利率为负的时期，人们更愿意持有黄金。

实际利率就是指银行的名义利率，为什么说实际利率为负的时候投资黄金比较划算呢？比如：实际利率 = 名义利率 – 通货膨胀率。假如当时的童话膨胀率为 4%，银行名义存款利率为 3%，那么实际利率就是 –1%，100 元存款一年后的本息共计就是 104 元。104 元的购买力小于一年前的 100 元。

在 1980 年代和 1990 年大部分时间实际利率都在 1% 以上，这期间黄金价格在持续了近 20 年的大熊市里艰难行进。另外在 2001 年到 2003 年间，实际利率又低于 1% 的水平，这几年恰恰是黄金价格大牛市的开端。

不难理解，当用户将一部分积蓄存到银行几年后到期，已经没有办法用同样数量的钱去购买相同的商品的时候，人们则更加愿意把这些钱用在购买商品上，而不是存到银行里。这就会导致银行大量的储蓄流出，从而促进投资和消费。黄金作为一种特殊的商品，自然也会受到银行利率的影响。

这是因为在通货膨胀的年代里，纸币通常会因为通胀而贬值，黄金却不会，这个时候黄金的投资价值就显露无疑了。数百年来，英国著名的裁缝街的西装价格都是五六盎司黄金的水准，这就是黄金购买力历久不变的明证。但是数百年前几十英镑可以买套西装，如今却连个袖子都买不到了。在通胀横行的年代里，黄金对抗通胀的特性可见一斑。

有专家曾经表示，实际利率是推升黄金的唯一因素，对于任何一种金融产品和商品来说，了解影响其走势的基本面因素是非常重要的。铜等商品只要关注供给需求 GDP 预期和储量就可以了，但黄金不一样，黄金一般被储存起来，而不是被消费掉，所有被开采的黄金都有可能重回市场。

黄金是没有收益的法定货币，则使有收益的在实际利率转为负的时候投资需求成为主要驱动因素推升黄金价格。

实际利率是唯一与黄金价格相关的指标，但并不是直线相关，只有实际利率转为负的时候黄金价格才会大幅上涨。随着美国月期国债实际利率降至 1% 以下，自 2010 年开始，黄金牛市近期大幅上扬。

5. 地缘局势对黄金价格的影响

我国自古以来就有“盛世古董，乱世黄金”的说法，不难想见，黄金在兵荒马乱的年代有着极其重要的价值。如果在历史的长河里仔细搜寻，就可以发现一条规律，那就是任何一次战争或者政治局势的动荡都会促使黄金的价格在短期内上涨。这是因为，人们珍藏黄金主要就是出于避险的考虑，因为黄金具有保值的功能。所以，地缘局势成为影响黄金价格的一个因素。

黄金可谓是历史上避险的最佳手段，甚至有“大炮一响，黄金万两”的说法。这个俗语就是对黄金避险价值最完美的诠释。战争或者政治动荡自不必说，即使是突发性的事件也有可能会让黄金的价格在短时期内有大幅度的飙升。1980 年 1 月 21 日，黄金价格达到了历史最高点，每盎司 850 美元，其中最重要的一个原因就是当时世界局势的动乱——1979 年 11 月发生了伊朗挟持美国人质事件，12 月苏联入侵阿富汗，从而使得黄金每天以 30~50 美元的速度实现飙升。

众所周知的是，在 1990 年 2 月初，世界黄金价格曾经冲破 420 美元的大关，但是在随后的半年，由于原苏联经济状况恶化，人们猜测苏联政府可能会抛售其黄金储备，以偿还外债，结果导致黄金价格一路狂跌，市场出现崩溃性下挫。

随后，黄金价格在 1990 年 7 月末 8 月初的时候开始回升，特别是 1990 年 8 月 2 日伊拉克入侵科威特当天，伦敦的黄金价格从 370.65 美元跳跃到了 380.70 美元，而后又爬升到 413.80 美元的水平。在这个期间，黄金价格主要随着全世界和平解决科威特问题的努力和政治斡旋而变化，人们对战争和和平的忧虑一直是黄金价格的重要支撑力。

联合国安理会通过 678 号决议后，对伊拉克提出了最后通牒，黄金价格又开始向上振荡，在安理会规定伊拉克必须撤军的最后期限 1991 年 1 月 16 日，在战争的恐慌的推动下，黄金价格再次突破 400 美元。但是 1 月 17 日“沙漠风暴”行动后，战争的走向已经开始明朗化，所谓的“战争溢价”迅速消失，伦敦的黄金价格在两个交易日内便下降到 380 美元。1 月 24 日，联军开始实施代号为“沙漠军刀”的地面攻势，2 月 26 日伊拉克宣布无条件接受安理会 678 号决议，从科威特撤出其军队。在海湾紧张局势基本得到解决的情况下，金价很快回归到 360 美元左右的正常水平。

2011 年 3 月 29 日，俄罗斯地铁连环爆炸引起当日每盎司现货黄金从 1104 美元涨至 1114 美元；2010 年 11 月 23 日，朝韩发生军事冲突，导致国际金价回升至 1360 美元每盎司，但是事件平息之后，黄金价格很快又重新下跌。

可见，随着地区局势的变化，预期主宰价格的波动，二战以后的战争都是局部性的战争，对世界的影响都局限在一定范围内，因此战争的溢价往往持续的时间不长。

我们做两项分类，一是突发性的战争爆发，因为普遍在人们的预期之外，所以对金价的影响也是爆发性的，金价往往走出快速上涨后快速下跌的走势，如伊拉克突然入侵科威特，朝韩战争，金价就表现为短时间内大幅飙升。第二是在人们预期内的战争爆发，在战争真正爆发前，金价已经在跟随预期走了，战争溢价已在价格上涨中体现出来，如海湾战争，美国开战的趋势已经很明显了，因此实际上战争的爆发就已宣告了其对金价促涨作用的结束。可以毫不夸张地说，国际地缘政治局势的不稳定为黄金价格的上涨提供了支撑。

6．原油对黄金价格的影响

原油和黄金是国际市场上的两个重要的大宗商品。近年来，很多投资者都非常关注黄金和原油的价格关系，希望能通过发现两者的某种关联性来为投资做参考，黄金和原油是两种不同的商品，影响它们价格的因素也有很多，但是仔细观察还是会发现，原油和黄金的价格是有影响的。

原油市场和黄金市场是息息相关的，原油的价格对黄金的价格也有一定的相关性，这是因为黄金能够抵御通货膨胀，而国际原油价格和通货膨胀的水平密切相关，所以，黄金价格和国际原油价格具有正相关的互动关系。从历史数据上看，近 30 年，一盎司黄金平均可兑换 15 桶原油油价与金价呈 80% 左右的正相关关系。

但是这种正相关的关系只存在通货膨胀时候，原油价格的上升预示着黄金价格也会随之而上升，而当原油价格下跌时候，就意味着黄金价格也会有所下降。但是有时这种正相关关系也会有小区间的反向走势。

那原油价格的上涨是如何推动黄金价格上涨的呢？原油作为一种重要的

资源，直接影响着世界经济的发展，特别是美国经济的发展，因为美国经济总量和原油消费总量都是世界第一，美国的经济走势直接影响到美国资产质量的变化，从而就会引起美元的升跌，而美元又和黄金挂钩，也就会引起黄金价格的涨跌。

原油价格自2002年1月约20美元/桶，最高涨至2006年7月78美元左右。促使油价飙升的原因之一是世界经济连续平稳快速增长，不论是美国还是以中国为的新兴市场国家，经济表现都非常良好，使得对原油的需求大增。而供给方面的因素则是世界原油产业脆弱的供需平衡，由于剩余产能有限，再加上地缘局势动荡，市场对原油供给可能中断的担忧一直未去，从而推升了油价至二十多年来高点。

根据国际货币基金组织的估算，原油价格每上涨5美元，将会削减全球经济增长率约0.3个百分点，美国的经济增长率则有可能下降约0.4个百分点。如果油价连续飙升，国际货币基金组织也会随即调低未来经济增长的预期。这样，原油价格就成为全球经济的晴雨表，高油价则意味着经济增长不确定性增加以及通胀预期逐步升温，继而就会推升黄金价格。

影响原油价格和黄金价格的基本面因素不尽相同，但是两者却都受到一个相同的重要因素的影响，即美元走势。由于国际上的原油和黄金均主要以美元为计价货币，当美元发生涨跌变动时，对应的原油价格和黄金价格则均会发生反向的变动。美元将原油和黄金价格的变动联系在一起。

此外，黄金与原油价格之间存在互相影响作用，这种影响作用在两者中某一个发生剧烈波动时体现的更加明显。当黄金或者原油价格处于一段平稳的走势时，黄金和原油各自价格更主要地受到各自基本面因素（如产量、需求、库存等）的影响。当黄金和原油中的一方发生价格剧烈单方向波动时，将对另一方产生重要影响。

通过上述分析，可以得到以下几个结论。一是国际黄金与原油价格呈现出高度相关性，相互影响两者走势较为相近；二是国际黄金价格与原油价格之间存在一个比率关系，从研究区间看，这个比率值接近10，即黄金价格常常是原油价格的10倍。但是，黄金与原油的比率关系并非固定不变，而是常常发生变动，比率有逐渐变小的趋势。

7. 黄金投资分析方法

投资黄金，需要做一些分析再做决定，黄金投资分析大致可以分为两个方面，一个是基本面分析，主要是从影响黄金价格波动的各种因素方面对黄金未来的走势进行分析，另外一个是技术层面分析，技术分析只考虑市场或者金融工具真实的价格行为，在假设其价格会反应所有投资者经由其他渠道得知的所有相关因素的前提之下。下面我们会对两个方面做一个简单的介绍。

基本面分析就是分析各种因素对黄金价格的影响，这些因素主要有美元因素、供给与需求因素、通货膨胀因素、风险偏好因素、原油等大宗商品的影响因素，如果在中国投资黄金还要考虑到中国宏观经济政策紧缩预期的影响。

（1）美元因素

美元和黄金是相对的投资工具，如果美元的走势相对强劲，投资美元就会有更大的收益，因此黄金的价格就会受到影响。相反，如果美元处于弱势，投资者就会减少对美元的投资，转而投向黄金市场，从而推动金价强劲的走势。

同时，由于国际黄金是用美元计价的，黄金的价格和美元的走势互动关系是十分密切的，一般情况下，美元上涨、黄金下跌和美元下跌、黄金上涨的逆向互动关系，在资金面和供求关系等因素均正常的情况下，黄金和美元的逆向互动关系仍然是投资者们判断金价走势的重要依据。

（2）供给与需求

任何一种商品的供给和需求都会影响到该商品的价格，黄金也不例外，当黄金供给大于需求的时候，黄金价格就会趋向下跌，当黄金的需求大于供给时，黄金的价格将会上涨。也就是说黄金的生产量的增减，会影响到黄金的供求平衡，从而影响黄金的价格。

其次，黄金的生产成本也会影响其产量，黄金除了是一种用于保值的工具以外，还有工业上的用途和装饰用途，电子业、牙医类和珠宝业等用金工业，在生产上出现大的变动，都会影响到黄金的价格。

（3）通货膨胀因素

如果物价指数上升，就意味着通货膨胀加剧，通胀会影响到一切投资的保值功能，所以，受到通货膨胀的影响，黄金的价格也会有所升降。

以黄金实际可以购买的货物及服务计算，多年来，黄金的价值大致维持稳定，1900年，金价为每盎司20.67美元，以今日的价格计算，相等于约每盎司503美元。在截至2009年12月底的五年期内，金价平均为717美元/盎司。可见黄金的实际价格不仅经受住了一个世纪的风云变幻和不断的地缘政治冲击，而且在保持购买力方面表现出色。

（4）风险偏好因素

地缘政治、金融危机等风险偏好因素都会影响黄金的价格。政治事件一般来说多数具有偶然性和突发性，结果也很难准确预测，因此黄金市场对此类事件比较敏感，地缘政治的一般有战争、边界冲突、大选、政治丑闻、政府首脑更迭等都容易引起黄金价格的变化。

金融危机的通常特征是市场经济出现萧条，资金的流动性减弱，投资者恐慌情绪严重，在市场极为动乱的情况下，资金的避险需求就随之高涨，黄金是世界上首选的避险工具，强大的避险功能势必推动金价节节攀升。

（5）原油等大宗商品因素

技术分析是研究过去金融市场的资讯来预测价格的趋势，决定投资的策略，技术分析有三大假设：市场行为涵盖一切信息、价格随趋势移动、历史会重演。

第一，K线理论

K线就是指将黄金每日、每周、每月的开盘价、收盘价、最高价、最低价等涨跌变化状况，用图形的方式表现出来。K线最上方的一条细线称为上影线，中间的一条粗线称为实体。下面的一条细线为下影线。

当收盘价高于开盘价，也就是黄金走势呈上升趋势时，我们称这种情况下的K线为阳线，中部的实体以空白或红色表示。这时，上影线的长度表示最高价和收盘价之间的价差，实体的长短代表收盘价与开盘价之间的价差，下影线的长度则代表开盘价和最低价之间的差距。

第二，趋势理论

黄金价格走势与任何市场都有三种趋势：短期趋势（持续数天至数个星期）、中期趋势（持续数个星期至数个月）、长期趋势（持续数个月至数年）。任何市场中，这三种趋势必然同时存在，彼此的方向可能相反。

长期趋势最为重要，也最容易被辨认。它是投资者主要的考量，对于投机者较为重要。中期与短期趋势都属于长期趋势之中，唯有明白它们在长期趋势中的位置，才可以充分了解它们，并从中获利。

中期趋势对于投资者较为次要，但却是投机者的主要考虑因素。它与长期趋势的方向可能相同，也可能相反。如果中期趋势严重背离长期趋势，则被视为是次级的折返走势或修正（correction）。次级折返走势必须谨慎评估，不可将其误认为是长期趋势的改变。

短期趋势最难预测，唯有交易者才会随时考虑它。投资者仅有在少数情况下，才会关心短期趋势：在短期趋势中寻找适当的买进或卖出时机，以追求最大的获利，或尽可能减少损失。

此外移动平行线和各技术指标都有可能会影响到黄金的价格变动。不管哪种黄金投资分析方法，都是为了获得更好的黄金投资收益。

8. 黄金长期和短期定价因素

近几十年，国内黄金交易规模逐渐扩大，结构也更为多元化，黄金市场已经成为我国金融市场的一个重要组成部分，以其独特的魅力吸引着人们的眼光，与此同时，黄金价格的变动也像其他金融资产的价格一样，日益成为投资者关注的对象，人们开始越来越关注影响黄金长期和短期定价的因素。

影响黄金长期定价的因素主要有金融产品的价格（比如股票指数）、国际市场汇率、通货膨胀率、利率以及官方储备黄金的数量等。

（1）股票价格

股票价格的走势和黄金的价格成反向关系，这已经被多数研究所证实，但是必须明确的是，这种关系是发生在具有重大影响力的股票指数上的，并不是所有的股票指数都和黄金的价格有明确的变动关系。

（2）国际市场汇率

汇率表示一个国家货币的对外价值，以黄金的美元价格为基准。从理论上来说，美元的对外价值上升，相应的黄金价格就会下降。

（3）通货膨胀率

通货膨胀就意味着货币的对内贬值以及购买力的下降，也意味着金融资产的缩水。如果出现了相当严重的通货膨胀，黄金就会成为一种很好的投资选择。总体上看，黄金价格的变动和通货膨胀率的变动基本趋同。

（4）利率

作为投资回报的利率是影响一切金融资产价值的重要因素，在黄金的价格变动中，利率主要是通过影响资产价值而对黄金产生替代作用。

（5）官方黄金储备

官方黄金储备的增减也会对黄金价格产生影响。在国际货币基金组织2001年末的统计中，在176个国家中有102个明确表示它们以黄金的形式保有了一部分储备。各国的央行持有黄金29300吨，货币机构持有黄金3700吨，共计储备33000吨，这个数量大约是世界黄金存量的四分之一。

当黄金成为充当交换媒介的一般等价物货币之后，就是一种特殊的商品了，还保留这商品的职能，具有价值和使用价值的二重性，因此从黄金的商品属性来看，有很多因素决定着其短期定价。

第一，供求关系

作为一种商品，黄金的价格波动也会受到市场供给和需求因素的影响，任何减少供给或者增加消费的因素都会导致黄金价格的上涨；相反，任何增加供给或者减少消费的因素，就会导致黄金价格的下降。

第二，国际政治边缘形势

黄金是各国作为保值的货币，因此国际上重大的政治、战争事件都有可能影响到黄金的价格。政治动荡，首先会降低黄金生产国黄金生产能力，直接减少世界范围内的黄金流通量。当黄金生产国的财政赤字增加的时候，他们就会将大量的黄金兑换成外汇，保持其货币的价值，减少黄金的供给，黄金的价格就会上升。

另外，从投资者的角度看，政治不稳定，将会使大量投资者从其他金融市场撤资转而投资可以保值的黄金，这种实物性的投资能够给投资者带来更多的安全感，从而扩大了市场对黄金的需要，金价自然上涨。

第三，国际经济形势

国际经济形势的发展对黄金价格的影响，主要是通过重要经济体的经济政策导向实现的，在黄金的属性和价格形成机制上表现出来。美国特殊的国际经济地位决定着美国经济运行的经济增长率和物价、就业等情况对黄金具有特殊的影响，因此要更为关注美国的经济指标。

第四，国际金融形势

美国特殊的国际经济政治地位决定美国特殊的国际金融地位，美国资本市场的发展对黄金的价格有一定影响。当美国金融发展势头良好的时候，资本就会源源不断地涌入，黄金的价格受到其商品属性的影响，会出现弱势；如果美国金融形势发展不稳定，资本市场就会有下调的压力，黄金的价格就会出现强势。

9. 黄金套利交易模块

套利交易为投资者在期货市场上提供了更多的交易和对冲机会，更有利于理顺价格关系，把扭曲的市场价格重新拉回到正常的水平。在黄金交易中，套利交易方式不仅可以为套期保值业务所利用，更多的则是为投机交易业务所利用。

黄金的套利实际上是广义投机的一种，由于黄金供需之间的暂时不平衡，或者由于市场的因素，在不同世行之间或者不同国家之间就会出现暂时的价格差异。一些比较敏感的交易者能够迅速地发现这种情况，并立即买入价格过低的黄金，同时卖出定价较高的黄金，从中就能获得几乎没有风险的黄金利润，这就是黄金套利。

“黄金套利交易”（GoldCarryTrade）来自于美国，黄金放在中央银行的仓库里，没有任何利息收入，但是出借给银行，收取一定的利息还能获得一定的收入。而以JP摩根公司为首的国际银行家从中央银行手中以超低利息借来的黄金，再到黄金市场上出售，拿到手的钱转手就购买较高回报率的美国国债或者别的债券，稳吃之间的利差，这被称为“黄金套息交易”。这样一来，抛售中央银行的黄金既打压了黄金价格，又获得了一定的收益，还同时刺激了美国国债的需求，压低了长期利率，是造就美国20世纪90年代经济繁荣的因素之一。

黄金套利看起来和在股市上寻找被低估的股票类似，只是做股指期货套利的时候，总是同时买进和卖出两张不同的合约，而买卖间的价格差异，也就是合约之间的相对价格关系决定了这次交易的最终盈亏。

按照套利操作所利用的差价关系的不同，套利交易一般可以分为三类：跨期套利、跨商品套利和跨市套利，黄金交易市场的套利也不例外。

（1）跨期套利

跨期套利是黄金套利交易中最普遍的一种，通过利用黄金在不同交割月份之间的价格差来获得利润。

比如说2008年，黄金期货的au0806合约与现货Au（T+D）价格走势大致经历了3个阶段：1月9日～3月17日，期货价格远大于现货价格，价差逐渐缩小，且两者趋于一致；3月18日～4月3日，黄金期现价格几乎保持一致，价差基本趋于0；4月7～25日，黄金现货价格大于期货价格，出现期现价格倒挂，价差最终趋于一致。从上述黄金期现价格走势及价差变动特点可以发现，1月9日～3月17日和4月7～25日这两个时间段可能存在着套利机会。

（2）跨商品套利

跨商品套利是指利用两种不同，但是相互又有关联性的金融商品的合约价格之间的差异进行套利。比如说买入黄金的某一交割月份的合约，同时卖出与黄金价格相关大的股票的某一交割月份的合约，以期在有利的时机里同时将这两种合约对冲平仓。这种套利交易的具体操作通常是同时买进和卖出种类不同的但是交割月份相同的期货合约，在日后差价出现变化的时候再作对冲。

（3）跨市套利

跨市套利是在某一个市场买入某一月份的黄金合约的同时在另外一个市场卖出黄金合约，以期在有利时机对冲获利。跨市套利的原理，就是当黄金期货在两个或者多个交易所上市进行交易的时候，由于区域间的地理差别，其中必然会存在一种差价，而在时间变化后，不同的地区，黄金的价格波动幅度和变动方向也不会完全相同。跨市套利就是着眼于黄金在不同市场上存在差价和这种差价关系的变化，从而买进卖出的交易活动。

要想实现黄金套利，首先需要做到的就是预判在套利中能够获利，如果存在期现价差，那是否就意味着只要进行套利就一定能获利？当然不完全是，要进一步计算黄金理论价格和期货市场实际价格之间是否存在价差，否则，套利行为就会存在很大的风险。

10．家庭黄金投资理财计划

家庭理财就是管理自己的财富，进而提高财富的效能的经济活动。理财就是对资本金和负债资产的科学合理的运作，通俗说来，理财就是赚钱、省钱、花钱之道，所谓理财，也就是打理钱财。

自从中国银行在上海推出专门针对个人投资者的“黄金宝”业务之后，炒黄金一直是个人理财市场的热点，备受投资者们的关注和青睐。特别是近几年，国际黄金价格持续上涨，可以预见，随着国内黄金投资领域的逐步开放，未来黄金需求的增长潜力是巨大的。

2004年之后，国内黄金饰品的标价方式也逐渐由价费合一改为价费分离，黄金饰品的5%的消费税也有望取消，这些都将大大推动黄金投资量的提升，炒金业务必将成为个人理财领域的一大亮点。

黄金作为保值性能最好的贵重金属，同时是现在世界金融市场上通行的商品，成为不少家庭理财保值的首选。

投资黄金可以有效地抵制通货膨胀。后金融危机时代，美国等大国相继出台量化宽松政策刺激经济的复苏，由此导致的是全球范围内的通胀压力，在现实生活中，我们也能感受到，柴米油盐天天涨价，老百姓手里的钱购买力日渐下降，持有现金缺少保障，收取利息也赶不上物价的上升，这个时候投资黄金就成为家庭理财的首选。

黄金稀有珍贵，日渐减少的产量和旺盛的市场需求之间的不平衡，给黄金的投资带来了较大的升值空间。此外，较之一般的投资性产品，如股票、债券、基金、房地产等的价格都会随着市场变化有很大的波动，而且极有可能被人为操纵，但是黄金市场就不会出现这种情况，为黄金投资者提供了较大的保障。

所以，如果某个家庭有闲置的资金，最好的投资去向就是黄金，但是投资黄金理财也要有所计划。

黄金作为投资对象有实物黄金和纸黄金之分，实物黄金是作为抵御通胀的“天然货币”，具有非常好的变现性，在全球任何地区都可以很方便地买卖，大多数地区还不征收交易税。纸黄金是一种个人凭证式黄金，投资者按照银行报价在账面上买卖“虚拟”黄金，个人通过把握国际金价走势低吸高抛，赚取黄金价格的波动差价，但是纸黄金是虚拟的买卖，没有保值功能，并不能抵御通胀风险。

此外，黄金衍生品和纪念金币也是家庭黄金投资的选择对象。黄金衍生品对一般投资者来说，投资一定要适度，远期或者期权应该注意和自身的家庭经济承受能力或者需求、风险承受能力等基本一致。因为黄金期权买卖投资战术比较多并且很复杂，并不容易掌握，应该注意到价格变动的风险很大，最好不要轻易运用。

纪念金币具有一定的投资价值，但是投资纪念金币需要考虑到其不利的一面，那就是纪念金币在二级市场的溢价一般都会很高，往往远远超过了黄金材质本身的价值，另外我国钱币行情的总体运行特征是牛短熊长，一旦在行情较为火爆的时候购入，投资者的损失会比较大，所以作为家庭理财投资也要慎重考虑。

最后，黄金饰品从投资角度看风险也是比较高的。家庭投资黄金制品一般不要选择黄金首饰，这是因为黄金首饰的价格在买入和卖出的时候相距较大，而且许多黄金首饰的价格与其内在价值差异较大。

所以，作为家庭投资，为了更好地应对通货膨胀，最好的办法就是变现金为实物，也就是投资实物黄金，这种最普通的黄金投资方式，包括购买金条、金币以及黄金首饰等。而其中，黄金饰品投资金额相对较高，价格中包含一定的加工费用，金币中的纪念性金币又不适合作为家庭黄金投资的对象，因此投资金条成为投资首选，但是实物金条交易成本太高，较适合作为长期投资品种，家庭要根据自己的实际情况，量力而行。

11. 黄金矿山投资

金矿企业是以采、选金矿和黄金冶炼为主要经营内容的企业组织。金矿企业以勘探、生产和销售黄金为其主经营业务的特点决定了金矿企业是一种高投入和对资源高度依赖型的企业。

1950~2001 年之间，我国的法律明确规定，黄金不能自由买卖，国家对黄金实行统一的管理、收购和分配。因此，那时我国的金矿企业完全实行国有企业体制，企业按照国家的计划生产和销售，企业的利润也通过利润留成来实现，金矿企业还不是市场意义上的经济组织。随着中国人民银行宣布取消黄金“统购统配”的计划管理体制和上海黄金交易所的组建，我国的黄金企业将逐渐成为一个自主经营的独立经营组织，因此金矿企业与黄金市场之间的纽带将会越来越紧密。

20 世纪 80 年代，我国的黄金生产企业先后引进了发达国家的黄金生产技术和设备，推动了我国黄金生产水平的提高，使得我国的黄金产量跃上新台阶（年黄金产量约 200 吨），但黄金生产成本仍然高于世界黄金生产平均成本。

据业内人士透露，我国的黄金生产平均成本约为250美元/盎司（人民币汇率以8.27元/美元折算，约合2000元人民币/盎司、66元人民币/克），高于世界平均成本约35%~40%。

目前，我国日处理矿石200吨以下的黄金矿山企业数量仍占80%左右。这些矿山企业，技术力量薄弱，技术管理落后，资金投入不足。这就造成了这些企业的黄金生产成本难以下降，生产资金投入不足等现象，从而降低了这些企业在国际市场上的竞争力，也大大降低了这些企业在黄金价格低迷时的抗风险能力。

此外我国的黄金生产企业由于脱胎于计划经济体制，黄金生产企业的黄金生产和黄金销售被纳入严格的计划管理体制内，并且这一体制一直延续到上海黄金交易所试点开业以后。我国黄金生产企业内部还存在着许多体制性的问题：

（1）黄金生产企业富余人员

黄金生产企业人员编制实行计划经济体制的用工编制，生产一线人员相对较少，二线、三线人员编制较多，从而限制了企业转制和适应市场发展的能力。

（2）缺乏参与黄金市场投资经营的人才储备

到目前为止，国内各资源要素市场中，只有黄金走势达到了和国际市场同步。但是，由于我国黄金行业的计划管理体制的原因，黄金生产企业常常只注重国家的黄金管理体制和黄金生产，忽视黄金的商品属性和市场价格形成机制。从而造成了我国黄金生产极少关注国际黄金市场发展动态和国际黄金市场的金价形成机制。这种现象的存在，在我国的黄金市场金价形成机制和国际黄金市场接轨后，导致了我国黄金生产企业的黄金市场经营人才缺乏。

黄金的地质勘探、建设、生产有着投资大、周期长、风险高的特点，黄金资源的勘探和开采是黄金生产发展的根本，而我国的地质资源条件决定了我国的黄金生产前期勘探开发需要大量的资金投入并且具有较高的风险。使得黄金矿山投资成为可能。

黄金矿山企业是黄金市场的重要参与者，它们每年向黄金市场提供一定量的黄金满足市场需求，是黄金市场的主要供给者之一。而它们的经营利润要通过黄金在黄金市场的周转来实现，因此它们对黄金价格的变动很敏感，这些企业通常通过黄金投资市场的套期保值来控制风险。因此在进行黄金投资时要充分考虑黄金矿山企业的特殊性。

黄金矿山企业的风险承受能力与其经营特点密切相关。黄金矿山企业的产品是黄金，但黄金的生产是有一定周期的。因此，如何实现当年产值的增值保值是矿山企业的首要考虑的问题，在这样的要求下，黄金矿山企业就会更多地参与黄金投资市场的套期保值活动以期货的一个较为稳定的当期预期收益或在市场持续低迷的时期实现企业收益的最大化。

考虑到矿山企业的持续经营问题。黄金矿山企业都会投入一定的资金在矿山的勘探开发上。这个阶段的工作不仅资金投入大、量产周期长而且往往伴随着巨大的投资风险。通常，为了筹集足够的资金，矿山企业在进行黄金投资时都希望能够实现一部分稳定的现金流入，而不一定追求过高的当期收益。

12. 黄金信托与黄金股票

黄金信托指委托人将其持有的资金委托给受托人，由受托人以自己的名义，按照委托人的意愿将该资金投资于上海黄金交易所的黄金产品或其他与黄金相关的投资标的，并由受托人具体负责黄金投资事务，通过黄金投资组合，在尽可能地控制风险的前提下，为投资者提供分享黄金市场发展的收益。黄金信托主要包括抵押贷款和黄金贷款（借金还金）。

用黄金作抵押来筹措款项的业务称黄金抵押贷款业务，它由来已久。过去，南非常以黄金作抵押向西方金融机构筹措资金。意大利和葡萄牙在20世纪70年代也曾因外汇短缺而以黄金抵押借过资金。提供这类贷款的最初只限于英国、瑞士和原西德等地的少数金融机构。黄金抵押贷款业务兴起的因素很多，但主要是因为黄金作为国际支付和储备的手段并具有保值作用，从而被金融机构所接受。

黄金的抵押价低于黄金的市场价，特别是市场上金价看跌或抵押期限较长时更是如此。一般情况下，6个月的黄金抵押价低于市场价的25%。如市场价为400美元盎司的话，抵押价则为300美元/盎司。黄金抵押的期限通常为6个月，最长为1年，有的到期后还可转期。

目前，许多发展中国家外债沉重，但它们中有的国家拥有大量的黄金储备。黄金抵押贷款使借款国不需出售黄金就能获得所需的外汇资金，对债务沉重而拥有较多黄金的发展中国家来说，抵押贷款业务是很有吸引力的。在国际性债务危机日益严重和许多债务国家越来越难于筹措到外汇资金的情况下，这项贷款业务将会得到进一步的发展。

黄金贷款又称借金还金。黄金贷款是指各国央行、贵金属公司将所持有的黄金贷给采金公司一定数量，采金公司通过销售这些黄金而产生的收入，可用于开发新矿山或扩大现有矿山生产能力，并在规定还金期限内由借金单位偿还黄金的交易方式。借方将黄金交割到贷方的金锭账户上或按当时的黄金牌价根据盎司数偿还等值的现金，整个交易全部以黄金计算，利息亦是黄金。

“借金还金”活动是在20世纪80年代中期兴起的，黄金借贷活动主要是在澳大利亚、加拿大和美国，以后延伸到印度尼西亚、巴布亚新几内亚、巴西、智利、西班牙，新西兰等地。我国政府对黄金融资也非常重视，有关部门已开始对“借金还金”方案进行可行性研究。黄金贷款具有利率低、风险小等优点，已成为全球范围内广泛应用的一种重要的黄金融资项目。

黄金股票是股票市场中的板块分类，是黄金投资的延伸产品。黄金股票就是黄金公司向社会公开发行的上市或不上市的股票，所以又可称为金矿公司股票。

在黄金股票中还有一种被称谓磐泥黄金股票的投资行为，投资者已购置了大批可能含有沙金成分的河床或矿金成分的山地，但还未被开发证实的股份公司所发行的股票就被称为磐泥股票。

事实上这些股票只代表了那些仅拥有某些可勘探或可开采金矿土地的公司，也就是说投资磐泥股票，就是投资那些未经证实、过去没有生产记录的金矿公司的未来。投资黄金股票风险很大，当然，假如一经证实该公司所置有的地下确有金矿，其收益是惊人的。目前国内A股市场上有一支这样的黄金股票是荣华实业。该股以前属于农业板块，但在A股市场中实际上义已经是黄金股票了。

无论是黄金信托还是黄金股票，投资的目的都是为了获得更好的收益，因此投资者在投资之前一定要多做了解，选择最适合自己的黄金信托，投资最有保障的黄金股票。

第五章

实物黄金与纸黄金投资

CHAPTER5

实物黄金和纸黄金是黄金投资中较为常见的黄金投资形式，实物黄金就是通常所说的金条、金币等，以及黄金首饰等能够看得到、摸得着的黄金。纸黄金就是一种凭证黄金，是虚拟的，不发生现实黄金的提取和交割。无论是哪种投资方式，投资者都需要在投资之前做好准备工作。

1．充分认识当下的黄金市场

在黄金投资之前，投资者除了认识各种黄金投资形式之外，还要对当下的黄金市场有一个充分的了解，所谓“知己知彼，百战不殆”，明白了将要投资的商品的现实交易情况，才能在诡谲多变的投资市场里以最小的风险获取最大的收益。同时需要注意的一点是要根据自己的真实经济实力进行投资，不能人云亦云，盲目跟随社会风潮。

在中国，如果想成为黄金交易所的会员，都要在中华人民共和国境内实行注册登记，而黄金交易所是经中国人民银行核准从事黄金业务的金融机构，从事黄金、白银、铂等金属及其制品的生产、冶炼、加工、批发、进出口贸易的企业法人，并具有良好资信的单位组成。

目前，我国黄金交易所交易品种主要有黄金、白银、铂。其中，黄金有Au99.5、Au99.9 和 Au50 克 3 个现货交易品种，以及 Au（t+5）和延期交收两个现货保证金交易品种。交易所实行的是集中竞价方式的交易，实行价格优先、时间优先撮合成交，交易时间为每周一到周五（节假日除外），上午九点到十一点半，下午一点半到五点半，周一到周四晚间的九点到凌晨三点半。

上海黄金交易所是中国唯一合法从事贵金属交易的国家级市场，成立于2002 年，这个交易所的成立，为中国的黄金交易提供了一个平台，使黄金的交易更加公平、公正、公开和规范。

上海黄金交易所不是以营利为目的的，遵循着公开、公正、公平和诚实信用的原则，它的职能主要有以下几个方面：它提供黄金、白银、铂等贵金属交易的场所、设施和相关服务；它制定并实施黄金交易所的业务规则，规范各方交易行为；它组织、监督黄金、白银、铂等贵金属的交易、清算、交割和配送；它设计交易合同，保证交易合同的履行；它制定并实施风险管理制度，控制市场交易风险；它生成合理价格，发布市场信息；它监管会员交易业务，查处会员违反交易所有关规定的行为；它监管制定仓库的黄金、白银、铂等贵金属业务；中国人民银行规定的其他职能。

上海黄金交易所的会员、非会员和个人投资者进行黄金有几种交易方式：

（1）黄金交易所会员单位可以直接进行现货交易和现货延期交易。

现货交易是指随着黄金价格的涨跌进行买卖，在差价中获得交易利润，客户可以对买入的现货进行卖出的反向操作，也可以到交易所指定的仓库提取实物。现货延期交易是指以保证金交易方式进行交易，具有卖空机制，客户可以选择延期合约交易当天进行实物交割，也可以延期交割。

（2）非会员机构投资者不能和银行或者其他会员机构直接进行黄金交易，但是可以通过黄金交易所会员单位以委托方式间接进入黄金交易所进行交易。

（3）由于个人不能成为黄金交易所的会员，因此，个人投资者要想在黄金交易所进行如标准金条、纸黄金等交易，就必须通过黄金交易所的会员进行。

当下，经济疲软，黄金作为抵御通货膨胀能力最强的投资产品也日益受到中国投资者们的青睐，作为个人投资者，在经济条件允许的条件下，充分预估投资风险，适度地投资黄金进行保值不失为一个不错的选择。

2. 挂钩黄金理财产品

随着黄金市场的火热，越来越多的银行开始推出与未来黄金走势挂钩的理财产品，以此来吸引投资者，但是，对于挂钩此类理财产品最好要具备一定的专业知识，仅仅是盲目跟风的话，投资风险会很大。

普通黄金投资者通常认为只要黄金价格上涨，所购买的挂钩黄金理财产品的收益也会上涨，但是实际上并非如此，购买挂钩黄金理财产品关键是要注意产品收益触发的条件。

黄金挂钩的理财产品一般情况下是保本浮动收益型的产品，但是，从理财产品的本质来讲，有时候金价上涨并不意味着与黄金挂钩的理财产品就一定能够赚钱。很多挂钩贵金属的理财产品其实就相当于是期权等金融衍生品，只有当黄金的价格走势符合一定的条件的时候才能获得一定的收益。甚至一些挂钩黄金的理财产品还设定了涨跌幅区间，就是规定了该理财产品不同涨幅所对一个的不同获利比例，所以并不是黄金价格涨多少，理财产品就能赚到多少。

2010 年，根据普益财富统计，从到期的 15 款产品的实际收益率来看，平均年收益率仅仅为 6%。同样是挂钩黄金的理财产品，今年到期的产品收益率最高的达到 47.38%，最低的却只有 0.2%，很多投资者可能都不太了解，为什么黄金价格上涨，自己投资的挂钩黄金理财产品却收益平平？

在目前的市场中，理财产品收益率和黄金的价格变化有以下几种关系：第一，理财产品收益率水平和黄金的价格呈正相关的关系，这类产品一般嵌入看涨期权。第二，理财产品收益和黄金的价格呈现负相关的关系，这类产品一般嵌入了看跌期权。第三，当黄金的价格处于某个区间内的时候，理财产品的收益较高（低）；而在这区间外，收益则较低（高）。这类的理财产品一般是嵌入蝶式期权。

根据收益率最高和最低的两种产品的结构就可以看出，结构设计对产品的收益有很大的影响。收益率最低的产品设定了一个观察水平，在 3 个月的投资期内，如果黄金价格下跌到观察水平或者以下，那么产品就会获得最高的预期收益率；如果黄金的价格始终位于观察水平之上，那么产品就只能收获最低预期收益率。

虽然大部分的黄金挂钩类的理财产品的收益率没跑赢金价上涨的幅度，但是这类产品也有自己的优势。比如，投资者能根据不同的经济形势，通过选择不同的收益结构的理财产品规避系统性的风险。特别是在经济衰退的时候，投资者可以选择嵌入看涨期权的挂钩黄金理财产品，通过黄金的避险作用，规避经济下滑风险；而在经济复苏的时候，投资者又可以选择嵌入看跌期权的挂钩黄金理财产品，规避通货膨胀的风险；在经济波动较频繁的时候，投资者可以通过选择嵌入了蝶式期权的理财产品，以获得较高的收益。

世界黄金协会发布的《黄金需求趋势报告》显示，从供需角度来看，2012年黄金基本面依然强劲。2011年全球黄金需求升至4067.1吨，价值约合2055亿美元，首超2000亿美元，其中黄金投资需求强劲增长4.67%。随着2012年全球经济的缓慢复苏，主要消费国的需求量和购买力都会增加，而供应方面由于矿山以及技术限制变化不大，这就意味着黄金在2012年可能会在一段时间内出现需求推动型的上涨行情。

虽然从2012年看来，黄金的整体走势良好，黄金投资市场也如火如荼，但是个别黄金挂钩的银行理财产品却依然面临着零收益的结果。所以，这就提醒投资者在购买挂钩黄金的理财产品的时候，不仅要观察黄金市场的实时形势，更要在买入的时候详细了解相关细则。

3. 中国各大银行的黄金业务

黄金投资在中国越来越受追捧，因此，中国各大银行开始推出黄金业务，只有对各银行的黄金业务有一个基本的业务，才能够根据自己的经济水平以及各业务的不同收益，实现理性投资。

如意金是中国工商银行自行设计并拥有自主品牌的实物黄金产品，除了“如意金条”外，中国工商银行在2008年9月26日还推出了“如意金钱”。如意金业务，银行并不提供代保管，投资者可以选择立即提金，或者另外申请银行的保险箱业务，然后按照规定交纳一定的保管费。

如意金的纯度为AU99.99。“如意金条”分20克、50克、100克、200克、500克和1000克6种规格，不设最低交易门槛；“如意金钱”分1盎司和1/2盎司两种规格，由工行指定的全国19家分行限量发行，没有交易数额限制。

如意金价格以工行周一至周六每天上午9点之后公布的上海黄金交易所的挂牌价格为准，购买如意金不收取加工费和其他附加费用。此外如意金提供回购业务，投资者提交以往在工行购买的具备品相完好、品质证书齐全的“如意金条”，经专业检测检验成色及重量符合标准，即可由工行按照当日上海黄金交易所开盘价减一定手续费后，进行代理回收并实时支付款项。

兴业银行推出个人实物黄金业务，此业务是该行通过上海黄金交易所，为投资者提供的黄金交易渠道，并代理资金清算和实物交割。投资者既可以在需要时提取黄金，也可以通过网上银行或银行柜台在金交所对实物黄金进行交易。

该产品价格以上海黄金交易所的黄金报价为准，其交易手续费为成交额的 0.2%。现阶段银行对个人实物黄金免收代保管费，但在提金时，投资者需要根据提货重量向银行交纳一定比例的运保费。为弥补实物黄金在重量上的溢出或不足，银行还会按每千克 300 元的比例，冻结投资者一定的溢短差费用来进行二次清算，多退少补。

兴业银行的实物黄金一旦提货后，银行既不负责回购，也不能将其入库交易，投资者若想变现只能折价卖给黄金加工企业。

招商银行的个人黄金业务，主要代理销售成都高赛尔金银有限公司的标准金条。银行不提供代保管，投资者可另行申请保险箱业务。保险箱分日租、月租、年租三种。

高赛尔标准金条以金衡盎司为计量单位（1 盎司 =31.1035 克），包括 2 盎司、5 盎司和 10 盎司 3 种，产品纯度为 AU99.99，交易起点为 2 盎司。高塞尔标准金条的价格以上海黄金交易所的报价为准，投资者在购买时还需交付每盎司 109 元的加工费，以及每克 0.3 元的手续费。

招商银行对个人实物黄金进行回购，银行会在当日高赛尔标准金条的买入价基础上再返还投资者每盎司 62 元的加工费。该业务办理时间为每周一至周五的 9：00 至 12：00 和 13：00 至 16：30，投资者可到成都、青岛、南京、广州、沈阳、长沙、天津、武汉、杭州等地的网点办理。

中国农业银行的个人实物黄金代理买卖业务，主要销售山东招金集团有限公司和成都高赛尔金银有限公司的标准金条。银行并不提供代保管，投资者需要及时提走黄金，或者另行申请银行的保险箱业务。保险箱分半年期和一年期两种。

“招金进宝”包括 A 类投资性标准金（30 克、50 克、100 克、200 克），以及 B、C 两类标准礼品金，金条纯度均为 AU99.99。高赛尔标准金条采用盎司计价（1 盎司 =31.1035 克），分为 1 盎司、2 盎司、5 盎司、10 盎司 4 种规格，产品纯度为 AU99.99，最低交易门槛为 1 盎司。

该业务采用 LO-CO-LONDON 黄金市场价格、纽约黄金市场价格与上海黄金交易所价格相结合的综合报价体系，并根据金条规格收取不同的附加费用。高赛尔标准金条的价格以上海黄金交易所的报价为准，投资者在购买时还需交付每盎司 109 元的加工费，以及每克 1 元的代理销售手续费。

此外，深证发展银行的“聚金宝”业务，中国建设银行的“龙鼎金”业务，以及中金黄金与世界黄金协会联手推广的“中国黄金投资金条”等黄金业务，为广大黄金投资者提供了多种黄金投资形式，让中国地区的投资者有了更多的投资选择。

4. 选对经销商和经纪人

投资黄金，除了有资金支持外，选对经销商和经纪人也是尤为重要的，不同的黄金投资类型，在经销商和经纪人的选择上有很多不同的要求。

如果你的黄金投资类型属于活跃型的期权和股权的交易，建议选择的经销商和经纪人要具备一定的期权和股权的战略知识，以便在多变的市场中采取灵活的策略。最好还能够在线发出多重期权股权买卖指示，准确及时地向客户发去信息，以便及早做出交易决定。如果能够涉足外汇、期货、现货和股票市场，能够评估适当的保证金比例，并且有很高的总体执行能力，执行速度快，就很适合这类的投资者选择。

如果你打算长期做黄金投资，选择的黄金经销商和经纪人就要能够提供实时信息，在总体的速度和执行能力上都要有优势。因为是做长期投资，如果能将期权交易纳入退休账户并且费用也比较低，就更加合适。此外，经销商和经纪人还要能够评估适当的保证金比率，并不算特别昂贵的佣金，这样便于投资者做好长期投资的打算。此外，如果能够有投资国际市场的渠道，能够投资衍生产品且投资工具齐全则更受欢迎。

如果你只做短期交易型的黄金投资，那选择的经销商和经纪人就要有总体上的快速度，为你的交易提供尽可能的便利条件。低佣金和拥有真知灼见的信用交易部门也是必不可少的。还要能够提供及时的二级报价，能够提供图标、新闻、工具和信息，让投资者能够在最短的时间里完成交易，获得收益。

如果你投资的目的并不是在短时期内获得高收益，也就是属于学习型的投资者，选择经销商和经纪人就要更看重其学习资源，特别是客户服务——是否能为客户解疑答难。此外还要有一个为客户提供周到服务的营业场所，还要能够及时发布信息，有高效可靠的执行能力，引导投资者投资。

如果你属于科技型的黄金投资者，选择的黄金经销商和经纪人最好能够提供无线交易，配备有求必应的客户服务部门，以防万一的情况发生能够及时做出补救措施，还要能够提供警报、新闻和报价，速度要迅速，执行能力也要强，总体上的佣金不能太高。

以上就是不同投资类型所需要的黄金经销商和经纪人所需具备的一些条件，但是具体投资还要根据实际情况选择。

5. 实物黄金的投资种类

盛世的古董，乱世的黄金，世界资本市场的发展已经使这种古老的资产配置观念发生了深刻的变化，黄金投资已经走进了大众理财时代，黄金良好的避险功能和巨大的赚钱效应，使越来越多的投资者开始涉足黄金市场。

实物黄金投资包括金条、金币以及黄金首饰，是以持有实物黄金作为投资的类型。面对复杂多变的国际和国内市场，黄金作为国际硬通货，无疑具有很强的保值和增值的作用，加之黄金的价值是其自身所固有的和内在的，并且还有千年不朽的稳定性，所以，实物黄金投资也备受人们青睐。

但是金条、金币和黄金首饰由于设计的目的和交易的机制不同，对应的风险和收益也是有差别的。

对于一些资金比较宽裕，但是风险偏好比价低的稳健型的投资者来说，适当地购买一些投资性的金条和金币是一个不错的投资选择。这种金条和金币的价格体系基本和国际黄金原料实时同步接轨，是一种操作起来比较简单但是又不需要经常需要照料的长期投资方式。

因为黄金的抵御通胀和保值的功能，长期看来，这种投资方式的收益远比银行储蓄的收益要高，而目前的市场上这类的产品也有很多，比如中国工商银行推出的如意金，中国农业银行和中国招商银行代理的高赛尔金条等。现在还能够通过金融类会员银行代理向黄金交易所申办黄金账户卡，参与黄金的现货交易，实现黄金投资保值、增值和收藏的目的。

但是，投资者在购买这类实物黄金的时候要综合考虑到这种产品的品质、定价体系和回收渠道，另外要注意，由于购买的是实物黄金，投资者要保证金条和金币的外观、包装材料和本身不受损坏，并保存好购买时候的单据和证明。

纪念性的金条和金币的价值主要体现为其收藏价值，这类实物黄金的投资收益主要体现为收藏价值的增值与否，要求投资者需要具备丰富的收藏知识。其发行时同样具有相对较高的溢价，并且目前国内纪念性金条、金币的流通并不是很发达，其回购的渠道和价格体系对投资者并不利，普通投资者很难实现投资收益。因此如果投资者的资金并不是很宽裕，承受风险的能力也比较低的话，就要慎重考虑购买了。

黄金首饰不算好的投资项目。不少人喜欢把购买黄金首饰作为投资黄金的首选方式，其实这种投资方式的效果并不好。

黄金首饰只能算是消费品，其主要功能是用来装饰和佩带，而非保值升值；加上黄金首饰的加工和税收费用都比较高，消费者买进的金饰品价格往往会在金原料价格基础上溢价 20 ~ 30%，而金饰品在回购给金商的时候又将相对于金原料折价 20%以上。

即当前消费者在 250 元 / 克以上买进的金饰品，如果再度回购给金商，可能只有 180 元 / 克以下的价格，买卖之间差价太大，何谈投资。即使在持有期间黄金价格有所上涨，其保值效果也不明显。所以，购买黄金首饰只能算作消费，而不能算是投资黄金的一种有效方式。

6．实物黄金的投资技巧

对于一般的黄金投资者来说，投资黄金选择实物黄金无疑更加实在，因此在我国，实物黄金是黄金交易市场上较为活跃的投资产品，那么投资实物黄金有哪些技巧可以使用呢？

首先，投资实物黄金最好的选择是投资投资性的金条，因为金条是财富储藏的工具，是长期投资和保值的投资资产。而实物金条的投资也是现在黄金市场的热点，一些金行每年贺岁金条都会卖到断了货，银行和市场上也都有五花八门的投资性金条。

但是需要考虑的一点是，实物金条兑现难，交易成本相对于其他类型的产品比较高，如果投资不当还会有风险，损失大的不仅仅是投资的机会，还有可能会遭遇亏损。因此需要注意以下几点。

首先购买和出售实物金条最好要分批进行，这样做的好处是尽可能地获得收益，避免亏损。金条是一种适合做长期投资的产品，投资性金条就具有长期持有的特点，因此投资者在购买金条的时候一定要从长远的角度分析当时的金价走势和未来的黄金价格变化趋势。

如果能够采用分批购买，那收益效果会更好，比如，在第一次购买获利之后，根据涨幅持续加仓，但是如果行情出现反复或者大幅度下跌的时候，就可以停止加仓，继续观察趋势。在金价再次上涨后接着买进金条。因为这样分批次购买的黄金的价格不一样，投资者就可以比较从容地卖出手里的金条。

这个策略在一定程度上来说会损失掉一些比较好的投资机会，但是却能够最大限度上降低黄金投资和金条持有期间的成本，因此能降低投资的风险。

而现实生活中，很多投资者一听到黄金行情涨，一次就购买一千克甚至更多的金条存放在保险箱里等待黄金涨价的时候获利。但是这样怕麻烦的投资行为是很不科学，也很不理性的。

现在金条一般都以300到1000克的为主，如果一次购买1000克的金条，黄金价格上涨到一定高位的时候开始调整，有时候调整下跌的幅度很大，就会出现亏损。

如果手里的黄金能够有零有整，就可以在不断上涨的时候采取部分套现，通过不断套现获得利润，可以减少持仓的风险和金价下跌亏损的风险。这种方法有时候可能会出现一些损失，但是金价反弹后的收益，也会为投资者增加很多获利的机会，不失为一良策。

此外还有一个投资时间间隔地位问题，如果你投资实物黄金，是买回金条后就放在保险箱里，等三五年后再拿出来关注黄金价格吗？如果是，那你就大错特错了。投资者存放黄金长达三五年后再关注投资是不对的。

投资者投资黄金是有时间价值的，因此如果一直把黄金捂在口袋里，舍不得放到市场里，一味地翘首以盼，就有可能丧失好的投资机会，或者其他投资行业潜在的收益机会。因此，一旦购入实物黄金，投资者就一定要根据黄金的实际行情趋势做好随时进行买卖的准备，时刻关注着信息，为自己增加获利机会。

7. 银行的纸黄金业务

黄金和白银等贵金属价格一路攀升，银行也相继推出了相关衍生产品，比如纸黄金业务，就成为当下最火热的投资项目之一。

纸黄金是一种个人凭证式黄金，投资者按银行报价在账面上买卖“虚拟”黄金，个人通过把握国际金价走势低吸高抛，赚取黄金价格的波动差价。投资者的买卖交易记录只在个人预先开立的“黄金存折账户”上体现，不发生实金提取和交割。

中国银行推出“黄金宝”业务就吸引了不少黄金投资者，“黄金宝”买卖是指个人客户通过银行柜台或电话银行、网上银行服务方式，进行的不可透支的美元对外币金或人民币对本币金的账面交易，以达到保值、增值的目的。

所谓“账面交易”，是指交易只在客户存折账户内作收付记录而不进行实物交割。“黄金宝”的交易标的是成色 100% 的账户金，品种分为国内市场黄金和国际市场外汇黄金，报价货币分别是人民币和美元，因此也简称“国内金”和“国际金”。

办理“黄金宝”业务非常简单，只要拥有中国银行开立的活期一本通账户或一张与中行活期一本通关联的借记卡，且账户内有足够的完成交易的人民币或美元，即可到中国银行网点柜台办理“黄金宝”业务。还可以选择更方便、快捷的交易方式，如电话银行、网上银行交易。

客户只可在同一个活期一本通账户内进行黄金买卖交易，通过“黄金宝”业务购得的黄金不能够支取、转账或兑现为实物黄金，且账面黄金不计利息。如果客户是卖出黄金、买入人民币或美元，则从交易当日按活期利息计息。

工商银行也推出了“金行家”的纸黄金业务，“金行家”个人账户黄金买卖业务是指个人客户以美元或人民币作为投资货币，在中国工商银行（加入自选股，参加模拟炒股）规定的交易时间内，使用中国工商银行（加入自选股，参加模拟炒股）提供的个人账户黄金买卖交易系统及其报价，通过柜台、网上银行、电话银行等方式进行个人账户黄金买卖交易的业务。

根据国际市场黄金中间价、通过加减点差或折算，生成如下报价：黄金（克）/ 人民币买卖报价：将国际黄金市场 XAU（盎司 / 美元）的中间价按照“克 / 盎司”及“美元 / 人民币”的换算比例进行折算并加减相应点差。其中，克 / 盎司的换算：1 克 =0.0321507 盎司；1 盎司 =31.10352 克。

“账户金”是建设银行推出的纸黄金业务，投资人在建设银行开立黄金账户，并根据建设银行的报价，买入或卖出黄金份额。投资人的黄金份额在账户中记录，通过低买高卖赚取差价，而不提取实物黄金。建设银行将根据交易所黄金价格、市场供求情况等因素报出黄金买入价和卖出价。

投资“账户金”投资人不用考虑黄金的存储、成色鉴定、重量检测等复杂的操作，也没有交易费用，只要通过把握市场走势低买高卖，就能赚取黄金价格波动的差价收益。

可见，纸黄金业务为投资者参与黄金市场的投资提供了很大的便利，在黄金市场上采用纸黄金交易方式，可以节省实金交易必不可少的保管费、储存费、保险费、鉴定费及运输费等费用的支出，降低黄金价格中的额外费用，提高金商在市场上的竞争力。此外纸黄金交易还可以加快黄金的流通，提高黄金市场交易的速度。

8. 掌握纸黄金的交易策略

纸黄金的交易缺乏做空的机制，实行的是单向低价买进高价卖出的操作，因此投资者就会损失一些投资机会和收益机会。

同时纸黄金的交易资金是全额交易，没有采取杠杆机制进行放大操作，虽然这样的亏损较小，短期时间内不会爆仓出局，但是也存在隐性的风险，因为小的亏损往往使投资者在投资中降低了风险的警惕性，选择等待的股票式操作习惯，影响了纸黄金的收益，因此在进行纸黄金的投资的时候，要注意使用投资策略。

被人们称为“股神”的巴菲特就是典型的价值型投资者。他的策略是挑选具有增长潜力的股票买入并长期持有，通过目标企业的长期业绩增长获得稳定回报，而不理会其中短期的价格走势是上涨还是下跌。

作为一种具有金融属性的特殊商品，黄金与股票的内在性质截然不同，但价值型投资的理念是完全相通的。在分析黄金的投资价值时，我们可以从以下几个方面入手：

（1）生产成本

黄金的生产周期很长，一般来说，从立项、勘探、审批、复查到项目实施等至少需要五至七年。因此，从历史上看，金价的急速上扬并不会立即对黄金产量产生明显的刺激作用，实金产量的增长往往有一个较长的时间延迟。但反过来看，金价下跌到一定程度时就会立即对金矿产量形成抑制作用。

（2）相对价值

黄金是一种全球流通的货币，其购买力相对稳定，也就是人们所说的“黄金价值永恒”。当物价飞速上涨的时候，纸币的实际购买力不断下降，但用黄金仍然可以买到与从前一样多的商品。黄金价格的上涨、下跌往往与这种购买力对比有关，因此，我们可以将黄金价格与原油价格、商品价格指数、消费者价格指数（美国等主要经济体）等与物价有关的数据进行对比，以研判黄金在购买力对比方面的投资价值发生了什么样的变化。

（3）避险价值

黄金可以抵御通胀风险、政局动荡等风险，这是黄金的内在属性所决定的，一般投资者都很容易理解，在物价飞速上涨的时候，如果没有适当的保值增值工具，那么买入黄金是非常理想的选择。

很多投资者在市场上经历了一定的挫折后都会认识到追涨杀跌的风险，黄金与其他金融市场的价格走势一样，一旦朝某个方向运行一段时间以后，就会产生类似于物体运动的惯性，其主要原因之一是市场参与者的从众心理，通俗地讲就是追涨杀跌。如果我们在趋势初期能够抓住机会买入，就很容易扩大盈利。

但是不少投资者此后往往逆势做单，不等到金价大幅下跌就坚决不买，其实这是从一个误区走入了另一个误区，因为“高位”、“低位”只是一个相对概念，只有把握住市场的主要趋势才能立于不败之地。

索罗斯是采用趋势型策略的典型人物，他不仅运用趋势，还提出走在趋势的前面，就是找趋势转折点。另一个是《通向金融王国的自由之路》一书中提到的巴索，有兴趣的投资者可以找来看一下。

正如前面所说，市场总是在波动中前行。我们可以将这种涨跌交替认为是“能量”的释放，也就是部分多头或空头在盈利达到一定幅度后获利了结，或者在亏损达到一定幅度后止损。对于希望“快速致富”的投资者来说，把握住每个交易日内的一次或几次波动，做足所有波段是最理想的结果。

这种策略要求投资者具备足够的交易经验和技术分析能力，而且最终收益主要取决于交易的成功概率，资金管理在这里所起的作用远不如在趋势型策略中那样重要。

因为国内银行纸黄金品种的交易成本普遍偏高，短线操作的获利空间极小。而且投资者需要花费大量时间和精力来看行情走势和进行交易，有可能影响正常的工作和学习安排。对于纸黄金投资者，这不能不说是一种“投入产出比”非常低的交易策略。

可见，对于大多数纸黄金投资者来说，短线交易策略的可行性不高，至于价值型策略和趋势型策略的孰优孰劣，其实并不应该有定论。投资者需要根据自己的具体情况，根据行情变化，为今后某个时期的交易制定出最适合自己的策略。

9．黄金保证金操盘技巧

对于黄金投资者来说，掌握黄金保证金的操盘技巧，能够使其在纷繁复杂的黄金交易市场里游刃有余。黄金保证金，说的通俗点，就是用于黄金投资的可流动资金。

首先切记勿用生活必需资金作为资本。想成为成功的黄金投资——保证金交易者，首先要切记不能用生活资金作为交易的资本，资金压力过大会误导投资策略，徒增交易风险，而导致更大的错误。而每次投资最好是你闲散资金的三分之一，等做成功了可以逐步加入。而当你的赢利超过你的本金有余时，最好把本金抽回，利用赢余的资金去做。

其次要学会运用模拟账户，学习保证金交易。初学者要耐心学习，循序渐进，勿急于开立真实交易账户。不要与其他人比较，因为每个人所需的学习时间不同，获得的心得亦不同。在模拟交易的学习过程中，你的主要目标是发展出个人的操作策略与模式，当你的获利机率日益提高，每月获利额逐渐提升，表示你可开立真实交易账户进行保证金交易了。

保证金交易不能只靠运气。保证金交易不同于纸黄金可以在下跌过程中逐步建仓（指在上升的大行情中），当你频频获利时，千万不要大意，一定制定好每次操作的交易计划，做好技术分析把握进出点，如果你在一笔交易中亏损2000美元，在另一笔交易中获利3000美元，虽然你的账户总额是增加的状况，但千万不要自以为是，这可能只是你运气好或是你冒险地以最大交易手数的交易量取胜，你应谨慎操作，适时调整操作策略。

交易还不应过度频繁，一般情况下，不要在上下 2~3 元的范围内进行交易，除非你已经是一个短线高手，范围最少要 5 元以上；也不要在亏损后急于翻本，应该冷静下来，仔细分析，然后再战。只有在你认为原来的预测及决定完全错误的情况之下，可以尽快了结亏损的仓位再开一个反向的新仓位。宁可错过机会，决不冒险做错。

而在交易的同时要确立可以容忍的亏损范围，善于运用止损交易，才不至于出现巨额的亏损。亏损范围依账户资金情形，最好设定在账户总额 3~10%，当亏损金额已达你的容忍限度，不要找寻借口试图孤注一掷去等待行情回转，应立即平仓，即使 5 分钟后行情真的回转，不要惋惜，因为你已除去行情继续转坏，损失无限扩大的风险。要永远把保证资金安全放在第一位。

交易资金要充足。账户金额越少，交易风险越大，因此要避免让交易账户仅有做一手的金额，做一手的账户金额是不容许犯下一个错误，但是，即使经验丰富保证金交易人也有判断错误的时候。

最后，要记住：错误难免，要记取教训，切勿重蹈覆辙。错误及损失的产生在所难免，不要责备你自己，重要的是从中记取教训，避免再犯同样的错误，你越快学会接受损失，记取教训，获利的日子越快来临。

还要学会控制情绪，不要因赚了 8000 美元而雀跃不已，也不用因损失了 2000 美元而想撞墙。交易中，个人情绪越少，你越能看清市场的情况并做出正确的决定。要以冷静的心态面对得失，要了解交易人不是从获利中学习，而是从损失中成长。当了解每一次损失的原因时，即表示你又向获利迈进一步，因为你已找到正确的方向。

10. 实物交割与现金交割

交割，从广义上说，就是投资者和证券商之间的资金结算，来源于商品期货的交易，一般期货交割分为实物交割和现金交割。

实物交割，是指期货合约的买卖双方于合约到期时，根据交易所制订的规则和程序，通过期货合约标的物的所有权转移，将到期未平仓合约进行了结的行为。商品期货交易一般采用实物交割的方式。进入交割期后，卖方提交标准仓单，买方提交足额货款，到交易所办理交割手续。

商品期货交易一般采用实物交割制度。虽然最终进行实物交割的期货合约的比例非常小，但正是这极少量的实物交割将期货市场与现货市场联系起来，为期货市场功能的发挥提供了重要的前提条件。

由于期货交易不是以现货买卖为目的，而是以买卖合约赚取差价来达到保值的目的，因此，实际上在期货交易中真正进行实物交割的合约并不多。交割过多，表明中场流动性差；交割过少，表明市场投机性强。在成熟的国际商品期货市场上，交割率一般不超过 5%、我国期货市场的交割率一般也在 3% 以下。

实物交割可分为卖方交割、双方交割两种。所谓双方交割，是指期货交易的买卖双方都可以提出交割申请的交割方式，现在的大连商品交易所、上海期货交易所都是采用这种方式。

所谓卖方交割，是指只有卖方才有权利提出交割申请的交割方式，而买方无权主动提出交割。目前国内的郑州商品交易所就是采用这种交割方式。卖方交割的目的是减少“多逼空”违规情况的发生。在国际上，芝加哥期货交易所（CBOT）、纽约金属交易所（COMEX）等著名期货交易所均采用卖方交割的方式。

实物交割是促使商品期货价格和现货价格趋向一致的制度保证。通过交割，期货、现货两个市场得以实施相互联动，期货价格最终与现货价格趋于一致，使期货市场真正发挥价格晴雨表的作用。

现金交割是指用现金支付的方式最终了结期货合约的交割方式。现金交割的方式主要针对无法进行实物交割的期货合约，比如股票指数期货合约等。

虽然现在国外的一些交易所近年来也有对现金交割用于商品期货的探索，但是我国商品期货并不允许使用现金交割的方式。

第六章

实战操作：金条、金币、金饰品

CHAPTER6

黄金投资胜在实战经验，因此必须对各类黄金知识了如指掌，对各种投资技巧做到心中有数。此外，我们还介绍了黄金饰品的投资门道以及保养知识，希望能够给投资者以更多的参考。

1. 什么是实物黄金

本章通过向大家介绍黄金的种类以及各自的投资技巧，再加上黄金饰品的投资技巧以及保养知识，希望能够给投资者更多的参考。

实物黄金主要是针对黄金衍生品而言的，它依据是否是国家法定行为界定标准，主要划分金币类实物黄金和非金币类实物黄金。

金币是黄金铸币的简称，有广义和狭义之分。广义的金币是指所有在商品流通中专作货币使用的黄金铸件，如金锭、金饼、金元宝等。狭义的金币是指经过国家证明，以黄金作为货币的基材，按照规定的成色和重量，浇铸成一定规格和形状，并且表明其货币面值的铸金币。

原始社会末期，随着商品交换的不断扩大，一般等价物逐渐从家畜贝类等物品过渡到黄金和白银身上，于是便产生了金币，并与白银一道，被固定地充当一般等价物。因此，金币很可能是黄金存在于世最古老的一种形式。

最早出现的金币，其材质不同，形状各异。先是板状形的，然后又出现了条状形、元宝形等。在古代，由于金币主要是作为一般等价物，充当交换的媒介，承担流通的功能，因此，古代的金币是以重量为其价值单位，被称为称量货币，币值与黄金重量相当。随着商品交换的进一步发展和货币形式的不断演变，称量货币过渡到金属铸币，随着国家的出现，金币面值与市值逐步分离，标志着国家信用出现在金币上面。

在20世纪之前，金币作为支付手段和流通手段起着举足轻重的作用。20世纪以后，随着社会的进一步发展，世界各国普遍采用纸币来代替流通中的金银币，金银币的支付手段与流通手段的功能大大下降。到20世纪70年代末期，黄金非货币化之后，金币基本上已不再具有媒介交换的功能，如今，金币主要演变成为纪念货币和投资货币，用来收藏和投资。

到了现代社会，由于金币是国家法定发行的货币，而法定金币的主要特征是上面有国名，国名是指国家的名称。一个国家发行金币，一般均标注本国国名，所以，目前对金币概念的界定也主要以是否是国家法定发行作为判断的，而不具有这一标准的铸金件，统称为黄金工艺品，如黄金纪念章、黄金纪念性金条等等非国家法定的铸金件。

非金币类实物黄金是非法定发行，其发行不需经过国家央行的批准，但这类实物黄金也有一部分是央行以外的权威机构发行，也具有较强的购买价值。

非金币类黄金制品，即规则形状和非规则形状的实物黄金，规则形状的实物黄金制品包括条形、圆形、方形，依次称为金条、金章、金砖，在工艺上目前有油压工艺和浇铸工艺两种。非规则形状的实物黄金制品有黄金首饰品、黄金电铸摆件、其他油压、浇铸工艺的异形黄金制品，本章我们主要分析规则形状的实物黄金制品的投资。

进入跨世纪，随着国内黄金逐步市场化，金条、金章等规则形状的实物黄金产品的投资也逐渐走入民间，上世纪末发行的跨世纪“千禧年”金条的热销事件，就是例证。再如，在我国，人们习惯并形象地把非金币类黄金制品的浇铸型金条称之为“小黄鱼”，随着我国黄金市场的逐步开放，禁闭多年的“小黄鱼”又终于“游”到了人们的手中。

非金币类黄金制品的规格。由于世界各国黄金市场交易的类型、交易的习惯、管理的制度和规则各不相同，因此，非金币类黄金制品的规格有多种多样。但按国际惯例，进入市场交易的非金币类黄金制品，在精炼厂浇铸成型时都必须标明其成色和重量，一般还应标有精炼厂的厂名及编号等。

国际黄金市场上，一般把标准规格的非金币类黄金制品，称之标金。大于或小于标准规格的非金币类黄金制品，由于在设计和铸造时要多费一些功夫，因此，其打造费用要比标准规格的非金币类黄金制品高一些。一般来讲，非金币类黄金制品愈小，其打造费用越贵。因而，小条金的价格一般要比大非金币类黄金制品的价格高。

2. 奥运金条投资

奥运百年历史上第一枚金条类产品——北京2008年奥运会会徽纪念金条，即“北京奥运金”，在获得了北京奥组委授权的前提下，2005年2月初在中国市场发行，成为了百年奥运历史上收获授权的金条类特许产品。

按照惯例，每一届奥运会，主办国都会获得国际奥组委的授权，发行相关的弘扬奥运精神的普通纪念币和金银纪念币，以满足收藏者的需要，但却从未发行过金条类产品，2008年北京奥运会是中国人办的第一次奥运会，北京奥组委经过多次研究决定，最终使北京2008年奥运会会纪念“北京奥运金”得以面世。

北京奥运金条是由第29届奥组委授权中国印钞造币总公司与中国金币总公司联合发行，中国印钞造币总公司铸造，其成色99.99%，分50克、100克、500克和1000克四种规格，分别限量发行17160条、9000条、300条和100条，共2008公斤，取意2008年，图案采用连贯构图的设计手法，连续发行5条组成一个完整的套装图案。

北京奥运金条的诞生，给中国黄金投资的传统理念增添了崭新的内涵。贺岁金条、高赛尔标准金条等传统的金条大都功能单一，仅仅随国际金价的上涨而增值，而北京奥运金条则将金银纪念币所具有的收藏和炒作的功能融入了金条，从而大大提高了金条的升值机率和空间。

显而易见，题材的重大性使北京奥运金条具有了收藏价值，而将逐年发行的5条金条运用拼图法形成系列，则在其发行和流通过程中会产生许多有趣的故事，收藏情趣更加丰富。

随着中国经济的持续发展，北京奥运会已成为世界瞩目的焦点，不用说国人对奥运热情的进一步升温，就是百万外宾的涌入就对具有中国传统特色的奥运金条形成强大的炒作动力，发行的第一组金条经过数年的沉淀更是首当其冲，北京奥运金条与金银纪念币、纪念章一起全力发挥其投资价值。

北京奥运金条第一组约1400公斤在2007年的春节前面世，销售场面非常火爆，北京首发当日就售出近300公斤，刷新了北京黄金实物销售纪录，上海、广州、重庆、南京等几十个城市也相继出现火爆场面，致使北京奥运金条的市场价格迅速上扬；春节后，虽然其余的600公斤北京奥运金条陆续上市，但是分散到各地的售货量就很少了。

北京2008年奥运会会徽纪念性金条，截止到2011年底，已由原售价155元每克升值到499元每克，涨幅度高达到320%。可见，作为奥运会金条是有很大的投资价值的。

当然，"北京奥运金"与"贺岁金条"之间也有一些区别：首先是题材不同，一为奥运题材，一为中国传统的生肖题材；其次是发行量有一些区别；第三是"贺岁金条"承诺回购，而"北京奥运金"并不进行回购；第四是"贺岁金条"有5种规格，而"北京奥运金"分别是4种和3种规格；另外，彩色"奥运金"采用了造币技术工艺中的压铸和彩印技术，而"贺岁金条"采用的是传统的浇铸技术。

综合各种因素分析，在售价相同或者接近的情况下，"北京奥运金"的投资价值要高于"贺岁金条"，而彩色"奥运金"的投资价值要高于本色"奥运金"。

3. 贺岁金条投资

近年来，贺岁生肖产品越来越受到投资者的青睐，面对众多的金币金条产品，作为普通投资者应该如何进行选择呢？

通过比较发现，在所有贺岁金条中，生肖金币纪念价值高而且具备货币的一系列属性，较之普通贺岁金条更加具备长远的投资价值。

中国金币总公司于2008年新一轮生肖伊始(鼠年)推出了贺岁银条系列。最新发行的2013(癸巳)蛇年贺岁银条,是继2008鼠(戊子)年、2009牛(己丑)年、2010虎(庚寅)年贺岁银条、2011(辛卯)兔年贺岁银条、2012(壬辰)龙年贺岁银条之后的第六组银条产品。

2013(癸巳)蛇年贺岁银条共有1000克、500克、200克、100克、50克共5个规格,发行量分别为1300条、2200条、6000条、40000条、78000条,成色为99.9%,发行总重量为11500公斤,由深圳国宝造币有限公司专业铸造。

中国的生肖文化已传承二千多年，其底蕴之深厚，群众口碑之广博是其他任何概念的传统文化所无法比拟的，在中国的传统审美中，生肖文化更是代表着吉祥、祝福、和谐，具有丰富的色彩和寓意，因此，生肖题材具有传统优势。对于收藏品来说，收藏投资价值的基础就是题材，出色的题材、雄厚的群众基础是决定它价值的重中之重。

时至今日，十二生肖已传播到世界许多国家，目前世界五大洲已有100多个国家和地区发行过生肖题材的收藏品，可见其受到全世界人民的欢迎程度之高。

题材是前提和基础，但一件收藏品是否真正值得投资，题材的背后还是价值在支撑，单纯的题材炒作是没有生命力的，如果仅靠题材进行投机，怎样涨上去，最终还会怎样跌下来。所以，投资者还需要关注这套藏品的内在价值。

就拿2013年以属性蛇为主题的生肖金币来说，它的创作理念就是作者用最简练的艺术语汇，来表达丰富的内容。它是中国金币的设计者们根据自身艺术修养，对生肖文化观察、理解、探索的结果，通过对生肖蛇的主题形象、古语、书法等的设置、分布、组合、使蛇年贺岁金条具有一种视觉上的愉悦和美感。灵活运用多种形式的表现方式，使画面疏密空白安排得体，并竭力使银条的画面有情趣，有节奏，有韵律，具备较强的装饰性，具有高度概括的艺术特色；它的设计图案形象生动、雕刻精细优美。

这套贺岁银条有1000克、500克、200克、100克、50克共5个规格，发行量分别为1300条、2200条、6000条、40000条、78000条。发行量的设置符合市场需求的自然规律。200克以下的银条属于大众收藏范畴，易藏便携，兼收藏、投资、礼仪消费多重功能；500克、1000克属于藏家收藏范畴，“物以稀为贵”是永恒的真理，其不仅代表着艺术品位，也代表着收藏等级和社会认知高度，随着集藏投资沉淀的增加，或将形成洛阳纸贵，有价无市的市场现象。

无论是收藏还是投资，最重要的是，生肖题材的藏品需要一个连贯性和板块性特征，中国金币总公司的贺岁银条系列在业界已经获得极高的声誉，每一年的贺岁银条均具有很高的收藏投资回报。贺岁银条的外包装全部采用书脊方式，内包装采用抽屉式并置有“天窗”，六组贺岁银条成套，并列一排，包装书脊上的暗纹即可组成“生肖贺岁银条”字样。

但是有关专家观察历年来贺岁金条的涨跌现象，建议消费者如果只是考虑投资，还不如选择普通的投资金条。因为，贺岁金条的价格和黄金价格是不同步的。从2003年至今，中国金币总公司发行10次贺岁金条，从现在的市场售价来看，羊年贺岁金条售价最高，为每克600元左右，10年涨了5倍。而去年发行的龙年贺岁金条不仅没有升值，反而跌了10多元。据一些收藏者介绍，生肖金条的升值空间与属相并无绝对关系，金条的价格主要由发行量、发行机构、发行年份和市场金价等几大主导因素决定，其中，发行量是最主要因素。

另外，贺岁金条的回购支持并不理想，就收藏市场而言，要想把贺岁金条顺利卖出，目前没有一个统一的渠道，金条持有人只能到淘宝或者二级市场去“碰运气”，而且回收价格也不统一。就拿羊年贺岁金条来说，有的店家报价每克600元，有的则只给520元。

对此，业内人士提醒说，目前贺岁金条的回购渠道不如投资金条通畅，而且加工成本比较高，如果只是单纯的投资，不建议选择贺岁金条。

但每个人投资金条的目的不同，因而对待贺岁金条的态度就会不同。专家的建议固然重要，但也要根据自己的实际情况来做出正确的选择。

4. 金银币的概念与类别

最早的硬币大多是贵金属币。由于金银质地均匀，易合易分，便于执行价值尺度；体小值大，携带方便，便于执行流通和支付手段；坚硬耐用，不易磨损，色泽可爱，适于保存，便于执行储藏手段，所以“金银天然不是货币，但货币天然是金银”。

贵金属硬币主要指金银币有 4 种类型：金银流通币、金银纪念币、金银贸易币、纯金银币（或金银锭币）。

金银流通币指用作流通手段的金银币。几乎每一个国家，特别是文明古国，在其货币材料发展过程中都使用过金、银。当时币值用金、银重量来确定，所以一些币名实际上是重量名称。如著名的古罗马德纳累斯（Denarius）币是重 65 谷（1 谷等于 64.8 毫克）即 4.212 克的银币。由于金银比价在 1 比 15 左右，所以金币使用较少，大量的是银币。特别是西班牙、墨西哥、美国等地所产的银币遍及全球。

早期的金银币大都采用锤制法生产，它们是法定流通币。大体说来，金币在第一次世界大战后逐步退出了流通，银币在第二次世界大战后逐步退出了流通，如美国流通银币摩根银币（MorganDollar），1921 年后停止发行。但是有些国家直到现在还少量流通金银币。

自 1979 年新中国第一次设计制造“中华人民共和国成立 30 周年”纪念金币以来，从无到有，已累计发行金银纪念币 1400 多个品种，这在世界金银纪念币制造发行史名列榜首。20 多年来的中国金银纪念币逐步发展的历史，也是中国造币工艺逐渐完善提高的历史。就世界范围来讲，1970 年以前发行金银纪念币的国家寥寥无几，主要是几个发达国家，铸造发行数量也不大。

金银贸易币是指专门用作国际间贸易支付手段的金银币（又称硬通货）。主要用于 1850 ~ 1940 年帝国主义侵占殖民地时期，如美国在 1873 ~ 1885 年发行的1美元贸易银元。它起源于欧洲中世纪威尼斯商人。它可以有面值或重量，但比较强调它的实际贵金属含量。退出贸易领域的金银贸易币根据其品相及年代有不同的价格，有时相当悬殊。当然，在许多场合，金银流通币和纯金银币，也可作为国际间贸易支付手段。

纯金银币具有国家法定货币的权威性和发行量的相对稀少两个特点，金银币往往被作为一种具有较高收藏价值的特殊商品，从它的面值可以看到，法定面值都比发行价格要低，因此金银币并不具有普通货币的流通属性，而是以纪念、收藏与鉴赏为主。近年来，随着收藏市场的发展，金银币作为一种特殊商品，因操作方便和安全性高、保值增值功能强，越来越多的老百姓加入到金银纪念币收藏一族，金银币的收藏和投资已经得到人们的重视。

随着我国经济的发展，金银币为社会公众提供了一种既可收藏又可投资的渠道。我国贵金属纪念币汲取了中华文化的精华，题材丰富、纪念性强、铸造精良、技术含量高，有较高的艺术欣赏和收藏价值，现在部分收藏品已向投资品转化。

据商家介绍，由于金银币的品种极其丰富，而且有的币种价格十分昂贵，普通投资者根本没有经济能力全部购买。而且一些特殊规格和量少的品种往往是有钱也买不到，因此要想收集齐全，难度很大，所以收藏投资金银币，需要讲究一些方法。一般来讲，投资金银币除关注金银纪念币铸造工艺水平、发行量、款式、选题、规格外，主要从题材和自己的特殊需求进行收藏。从近几年金银币的价格来看，凡重大历史事件、生肖系列、古典文学类等题材都是不可多得的投资品种。

5．本色金币投资技巧

在中国人民银行发行的所有金银纪念币中，本色金银纪念币所占的比重最大。本色金币作为最能够反映我国金银纪念币铸造工艺水平的一个板块，以适中偏少的发行量，形式各异的款式、齐全的规格、浓郁的中国特色、选题及发行的严肃规范性等特点，赢得了千千万万国内外集藏爱好者们的青睐。

相对于彩金币板块品种有限的特点，本色金币却是一个大家族，所以一段时间里彩金币板块行情可以是整个板块的涨跌行情，本色金币则显示了以点带面的行情特点；其次是初步产生了领涨的龙头品种，如西藏金币；第三是部分品种的短线行情趋于活跃；第四是本轮本色金币行情由于是以价值发现为主，金币的题材、发行量、制造工艺等综合因素决定了其市场资金的战略取向和运作模式。

但在这么多本色金币中，假如从纯市场和投资的角度来看的话，哪些品种和板块更加具有增值的潜力呢?

《建国50周年》、《千年纪念》、《香港回归》、《澳门回归》等1/2盎司金币，它们都是新中国成立以来，中国人民银行发行金银纪念币以来最为重要的历史性事件。集藏、投资上述题材的本色金币不仅仅局限在普通的收藏爱好者和投资者范围，而且更包括了相当数量的各地、各级政府部门、厂矿、企事业单位等。

在现阶段礼品化消费的重点早已从最初的烟酒、邮票等演绎到金银纪念币的情况下，本色金币以其不菲的贵金属材质、限量发行的特点等优势深受各方的爱戴。由此使得市场对上述那些非常具有震撼力和影响力的重大历史性事件金银纪念币的需求骤然扩大，从而通过市场自身的消耗和沉淀，最终实现自然增值的目的。

从这些年来金银纪念币市场的发展历程中可以发现，具有款式新颖别致，发行量适中、工艺精湛、价格没有可比性等题材的金银纪念币往往都有不俗的表现。远的我们暂且不谈，仅以《幻彩观音》金币来说，它就是近年来本色金币板块中不可多得的一个优秀品种。其市价能够从最初的450元上冲至最高时的1650元，充分说明了本色金币与彩金币一样，期间同样蕴藏着亟待挖掘的“金矿”。

每个中国人都有一个自己的生肖属相，生肖文化在中华民族中有着源源不断的影响和根基，其结果使得12生肖根深蒂固地融入到了人们生活中的各个方面和领域。以12生肖为主题的本色金币在这种背景下，依托现阶段早已价值不菲的《彩金虎》、《彩金龙》币的良好示范效应，以及目前的低价位优势，自然而然地受到了广大理性的集藏爱好者、投资者们的青睐。

近日彩金币板块在行情下跌一段时间后出现了反弹，本色金币中的大部分品种也有短线企稳迹象，本色金币后市行情将如何运行呢？由于彩金币板块长线走牛，所以累积的获利盘较多，调整的压力也因此比较大。

而本色金币从总体上看，行情才刚刚启动，所以本色金币行情在调整过程结束后，行情再度向上拓展的可能性要远远大于向下。并且由于部分运作本色金币的市场主力原本就成功运作过彩金币，资金的丰厚和彩金币板块长线运作的成功经验将使得本色金币行情长线运作的特点与彩金币板块会有某种相似之处。

通过二级市场资金对部分本色金币的运作，使得市场主力初步掌握了本色金币行情的基本特点，使得公司原先的有限库存被有效转移，使得市场平均成本进一步提高，使得市场投资者对于本色金币有了一种新的了解和认识，而这一切对于本色金币行情而言，都是有利的。

6．普制金币投资技巧

早在20世纪30年代，随着金币逐渐退出流通领域，黄金被各国中央银行普遍作为储备收购。到了60年代，随着国际金融形势的变化，“金本位”的做法在历经一个多世纪后承受了巨大的压力而面临取消。

但这意味着各国中央银行不再定期大量吸纳新开采的黄金，或控制国际黄金价格。于是很多国家纷纷取消对个人拥有黄金的诸多限制，允许人们任意购买金条或金币。南非矿业协会受到这一美好前景的鼓舞，迅速做出反应，提出了发行普制金币的新概念，以利于大众对黄金的投资。

普制金币与过去的金币以及金条有明显的不同，首先是它的面额适当，不会引起人的误解。由于通货膨胀，历史上“金本位”金币的面额大都低于自身含金量的价值。新铸的几种金币的面额却又远远高于其含金量的价值，或销售价格大大超过其面额。而普制金币面额适当，或者没有面额，以强调其价格按含金量计算。

此外，过去的金币一般不标注其含金量，而且按官方的规定，其含金量一般都有好几位数，例如，大英金币每枚含纯金 0.23354 盎司。普制金币的规格则很简单，一般包括 1 盎司、1/2 盎司、1/4 盎司、1/10 盎司、1/20 盎司或 1/25 盎司几种。而普制金币规格简单、含金量明确，价值容易计算。

过去的金币升水过高，而且上下浮动频繁，一般被当作收藏品销售。而普制金币的价格则在其含金量的基础上，增加固定的较少的升水。

金条，尤其是小规格金条，经常需要经过某些专门机构检测后才能交易，手续烦琐。考虑到以上这些因素，南非金矿行业协会在南非储备银行和南非造币厂的支持下，进行了大量的市场调查，并在 1967 年 7 月尝试发行了普制金币。而我们大家所熟知的普制金币——南非福格林金币是在 1970 年 4 月开始大规模生产的。1971 年国际通用的金本位崩溃。

如今，我们时常会看到一些国内外纪念币销售目录中，“规格”一栏上常标有“精制”或“精装”(proof)、“普制”或“普通装”(unc.)的字样。严格地说它不是“品相”而是说明一种铸造方式。

在当今世界各国政府发行的 1300 余种各式流通硬币中，绝大部分是“普制”币。普制币传统的铸造方法是开模具，然后将金属坯饼，通过压印面压印成形。现代已出现用电脑控制的高速压印机，通过自动续饼，每分钟压印可达数千枚。

而采用精制技术铸造的钱币，币面光亮如镜，凸出的图案和文字具有细腻的凝霜效果，形成强烈反差，更显玲珑浮凸的立体感。黄金、白银“天生丽质”，是这种铸法的理想币材，目前发行量较少的金银纪念币多采用精制法。但考虑到铸造成本等原因，目前发行量较大的普通金银币中仍有相当部分采用普制。

市场上现在出现一种称作“半精制”的新品，质量介于精制与普制两者之间，多见普通流通纪念币。如面值均为 1 元的宋庆龄诞生 100 周年、毛泽东诞生 100 周年、宪法颁布十周年、建国三十五周年等币；1991 年版“中国现行流通硬币”7 枚套装亦属此类。

现在少数有经验的集币者，已开始注意到在普制币中寻找“精品”，即“初铸品”，钱币压制时最初的少量成品，由于是新模，轮廓锐峭，带有一些精制币特点，比半精制币更具魅力。

7. 彩色金币投资技巧

彩色金银币是在金银币的一面采用特殊工艺印制上彩色图案，从而增加艺术效果的一种金银币，在技术上其色彩要能耐磨、耐腐蚀、长久保持鲜亮。

就目前来说，彩币市场欣欣向荣，行情走势更是优于传统本色工艺。这里面特别有代表性的当属生肖币种。1998年，中国开始和瑞士造币厂合作研发彩色品种，2009年中国自行生产的首套彩币才真正上市。2009年彩色牛年金银币一上市，就受到了市场的热捧，无论钱币收藏爱好者，还是钱币投资爱好者，甚至是礼品行业的人，都把目光转向了这个品种，其升值空间十分惊人，从当时的每套3000元，到目前已经涨到2万多，价格远远高于同期生产的本色币种。

据了解，从1997年发行《熊猫》彩色银币开始，截至目前为止，我国共发行各种规格的彩色金币20多套，都是金币收藏市场的“抢手货”。早已经发行的彩币品种中，以生肖系列、《中国京剧》系列、《红楼梦》系列等最为引人瞩目。

从中国金币收藏网上，我们可以看到，在金币市场行情中位居前列的，均为彩金纪念币。分别是：彩金贵妃醉酒2万元，彩金闹天宫1万元，彩金黛玉夺魁9000元，彩金宝玉赋诗9000元，彩金梁红玉8300元，彩金群英会7500元，彩金猴王出世6000元。

说到彩色金币，就不能不说“贵妃醉酒”彩色金币，因为它自上市以来表现就很出众，最高涨幅曾经一度达到了10倍，成为不折不扣的龙头品种；钱币市场正是有了“贵妃醉酒”彩色金币的存在，才让投资者切切实实感受到了彩色金币的投资魅力。

据悉，1999年发行的彩金“贵妃醉酒”金币，发行价为2600元，短短三年时间，市场价格最高飙至 2.6 万元，翻了十倍，一跃成为我国金币市场的“领头羊”，直到今日，它仍然稳居“中国金币”的头号交椅，市场价普遍在 2 万元左右。金币收藏界有句行话：“贵妃强，市场好”，“贵妃弱，市场低”。这个“贵妃”，指的就是彩金“贵妃醉酒”。

正是“贵妃醉酒”彩色金币良好的表现，才使得“宝玉赋诗”、“群英会”、“梁红玉”、“黛玉夺魁”等彩色金币的吸引力与诱惑力陡增，进而逐步构筑起了庞大的彩色金币“舰队”。某些品种的涨幅还较为突出，为市场营造出了一个良好的做多气氛。

有专家介绍，“贵妃醉酒”身价飙升的原因有三：首先是题材显著，它的画面反映的是我国京剧艺术代表人物梅兰芳大师及其代表剧作“贵妃醉酒”。其次，制作工艺精美独特，它使用了彩色造币技术和雕刻工艺，这是至今为止数百枚纪念金币中，惟一采用这种设计思路和工艺的。

生肖系列中 1/10 盎司规格的彩色金币也同样在历次行情中扮演了至关重要的角色。根据以往的情况来看，绝大多数彩色生肖金银币在上市一年之内都没有什么出众的表现，当然生肖狗彩色金银币是一个例外，所以不少投资者据此推断生肖牛彩色金银币的价格也就在 4000 元上下打晃。但实际上却并非这样，它走出了一波缓慢的上攻行情，基础打得非常坚实，显示出了运作资金良好的耐性，立足于长远考虑，而非短期的投机炒作，这无疑给场外的投资者发出了较为强烈的买入信号。

然而有专家建议，投资彩金币之前，要对彩金币有一段时间的行情观察和分析，再出手购买，以免判断失误，造成投资损失。

8. 大规格金币投资技巧

大规格纪念金币指的是金币的规格在 5 盎司和 5 盎司以上。由于发行量少，价格高，所以其市场表现具有一些不同于其他常规规格金币的特点。

首先这些品种往往是有价无市，发行量少的品种刚刚发行时市场上就看不到，更不用说以后了；其次是其市场价格涨跌基本与其供求关系有关，而与币市行情涨跌关联度小；再次是这些品种由于发行量小，难以满足市场需求，所以其长线向上的空间比较大。

上海东方国际2009年夏季钱币拍卖会在上海成功结束。本届拍卖会共计成交337万元，有321件拍品在此次钱币拍卖会上花落各家，拍卖成交率90.93%，为历次最高。值得关注的是，发行量稀少的大规格纪念金币，受到藏家的追捧。

与往次相比，发行量稀少的大规格金币类藏品，是本次拍卖会的主角。如1997年5盎司齐白石逝世40周年纪念金币，以21.2万元成交，1995年5盎司古代航海船之龙舟图金币，以30万元成交，1995乙亥猪年12盎司金币28万元成交，1993年5盎司台北故宫名画之郎世宁《孔雀开屏》金币20.3万元成交，1997年5盎司澳门回归祖国纪念金币（第1组）9.7万元成交。由于与上次拍卖会间隔时间不长，因此部分相同品种成交价格相差不大，有的甚至略有下跌。如本次拍卖会上，1994年5盎司台湾风光之彰化大佛金币以17万元成交，而2009年冬季拍卖会上该金币曾以18.2万元成交。业内人士分析，由于钱币收藏市场历来冬季比夏季活跃，金银币歇夏行情的成交总是比较清淡。

1989年发行、由沈阳造币厂铸造、发行量仅100枚的20盎司中国人民共和国成立40周年（开国大典）纪念金币以68万元成交，将本次拍卖会推向高潮。而之前大家较为看好的，发行量不到100枚的1994年5盎司台北故宫名画之《冬日婴戏图》金币，1999年公斤中国1盎司生肖贵金属币发行纪念银币，1996年1盎司麒麟铂币等藏品，因估价过高而遭流拍。

从目前的大规格金银币来说，主要分为两类。首先是纪念性金银币，包括了1991年发行的熊猫金币发行10周年5盎司纪念金币，发行量为10枚。1992年又发行了古代科技指南针和地动仪1公斤金币，发行量也是10枚。2009年10月发行的虎年生肖金币中，10公斤金币的最大发行量为18枚。此外，投资性金银币也是很重要的门类，特别是这两年发行的熊猫金银币中的大规格尤其值得关注。

金银币专家认为，金银币市场在夏季成交固然清淡，但或许是机会。金银币作为收藏品的保值增值功能，正有待发现。美元兑日元本周初大幅下挫，反映出市场人士对前期风险资产是否过度上涨的担忧。汇价在脱离97.05~98.85盘整区间之后再度向下。日线图上，短期均线系统发出看空汇价的信号，不过94~95区域将在短线继续支撑美元。不过由于金银币品种越来越多，一些发行量少、规格大的“老精稀”品种，才更适合投资者长期收藏和投资，这类品种价格波动不大，随着时间的推移，价格总体稳步向上，目前介入风险不大。

大规格金币品种投资需要注意的是：从题材角度分析，熊猫题材金币市场表现比较一般，生肖题材金币的溢价比较大。从其市场表现来分析，新品种面市基本上是其市场成交最活跃的时期，时间一长，这些品种基本上就比较难找了。从其后市价值分析，目前许多投资者并不了解大规格金币的情况，或者是了解的投资者没有实力进行投资收藏。

9．金饰品的价值与纯度

黄金首饰从价值上可以分为三档，即高档、中档和低档。

高档首饰是用K白金金、高K黄金、足金制成的。除足金首饰外，都镶嵌猫眼石、红宝石、蓝宝石、祖母绿、琥珀石以及质地优良的珍珠、钻石等。高档黄金首饰是不蛀、不锈的永恒财宝，因此，有一定的收藏价值。

中档首饰用K黄金制作，镶嵌一般的宝石、半宝石，如翡翠、红宝石、蓝宝石、孔雀石、松石、珍珠等。这是比较普及的金首饰，一般人都能买得起。这种首饰款式比较新颖。

低档首饰品种繁多。这种首饰款式变化大，是价格便宜、款式新潮的首饰。其中包括银制首饰、低K金首饰，一般镶嵌有半宝石。另外，还有以玉石雕刻、象牙雕刻、骨刻为主体，略加金属镶嵌或不加镶制的首饰，以及景泰蓝、雕漆、塑料、有机玻璃、料石等首饰。

购买过黄金饰品的人都知道，投资黄金的原则是其外观越简单越好，含量越足越好。往往华丽的黄金饰品在加工费等一系列费用的叠加之后，其投资价值相对较小。

由于黄金饰品在制作过程中，要经过加工、设计、运输等环节，都增加了其附加值，这就使得消费者最终购买的已经不局限于黄金饰品本身，这也是黄金饰品交易成本费较高的原因。

专家解释，黄金首饰是指以黄金为主要原料制作的首饰，从其含金量上可分为纯金和K金两类：纯金首饰的含金量在99％以上（99％即为通常所讲的足金，99.9％为千足金，而我们所买的金条含金量一般为99.99％，也有99.999％的高纯金）；K金首饰是在其黄金材料中加入了其他的金属，如银、铜金属制造而成的首饰，根据含金量分为不同的K数，如18 K（含金量为75％）等。前者价格高，且具保值升值功能，而后者价格低廉许多。

用“k金”表示黄金的纯度：在理论上我们把含量100% 的金称为24K；所以计算方法为100/24（括号内为国家标准）：国家标准GB11887-89规定，每k（英文carat、德文karat的缩写，常写作“k”）含金量为4.166666%。

9k=100/24*9=37.5%（375‰）

14k=100/24*14=58.333%（585‰）为方便标识，把它定在58.5%

18k=100/24*18=75%（750‰）

22k=100/24*22=91.666666%（916‰）为方便标识，把它定在91.6%

在理论上100% 的金才能称为24K金，但在现实中不可能有100% 的黄金，所以我国规定：含量达到99.6% 以上（含99.6%）的黄金才能称为24K金。

这几种K金含量为首饰的通用规格，国家规定低于9K的黄金首饰不能称之为黄金首饰。

有的金首饰上打有文字标记，其规定为：足金——含金量不小于990‰，千足金——含金量大于999‰。我国对黄金制品印记和标识牌有规定，一般要求有生产企业代号、材料名称、含量印记等，无印记为不合格产品。国际上也是如此。但对于一些特别细小的制品也允许不打标记。

黄金首饰的鉴定方法很多。一般来说，一看成色，根据黄金的不同光泽和颜色就可以大体区分纯金、K金、真金、假金。金以赤黄色为佳，成色在95%以上。而看密度，不妨以公式“一定黄金首饰的质量（克）/一定黄金首饰的体积（立方厘米）=密度”来计算，算出所测黄金首饰的密度，密度为19.32克/立方厘米左右则为纯金或较纯金，否则即为非纯金或成色差的黄金。三看硬度，成色高的用指甲刻便留下痕迹，97%以上成色的黄金首饰，弯折两三次后，弯折处出现皱纹，95%左右成色的黄金首饰，弯折时感觉硬，90%左右成色的黄金首饰，弯折时很硬，而含杂质较多的黄金首饰，弯折两三次即断。

此外，辨别黄金优劣还可以听音韵、看弹性，倘若使用工具，最简单的就是用试金石鉴定成色，即利用金对牌（已确定成色的金牌）和被试首饰在试金石上磨道，通过对比颜色，确定黄金首饰成色。

10. 黄金饰品投资技巧

投资金饰品虽然有费用高、流通性差、不易转计、不完全是对黄金本身的直接投资等不足，但由于其美学上的吸引力，很多年来，金饰品一直是黄金投资市场的主体。从1986年至1992年，发展中国家和发达国家对金饰品的需求年增长率分别为17%和8%，特别是远东地区，1992年比1986年增长250%。25年来，金饰行业一直十分活跃。

在世界金石珠宝的销售市场中，美国占世界的33%，日本占28%，欧洲市场占14%，非洲市场占10%。近年来，东南亚一些国家和地区出现需求高涨的趋势。如香港金饰店铺已经扩展到1000多家，在香港210万名女性中，有22%的人拥有金石珠宝，使得香港成为世界主要珠宝首饰黄金贸易中心，仅次于意大利和瑞士。

在中国国内老百姓平常所能看到的黄金制品，主要是黄金饰品。有一种心理叫做黄金情结，亮闪闪的金饰始终是难以抵挡的诱惑。在投资者对黄金需求的热情持续升温的同时，对黄金饰品的需求如何？黄金饰品具有投资价值吗？如何来购买黄金饰品？

黄金饰品具有黄金的保值功能，与实物黄金、黄金期货等投资方式相比，还表现出一定的特殊性。人们常说“盛世收藏，乱世黄金”，意指在大环境不好的情况下，人们倾向于舍弃具有较高艺术价值的收藏品，而选择具有较高的保值功能的黄金。

但黄金饰品具有了收藏品和黄金的双重属性，其市场表现较为复杂。经济形势好的时候，人们有较高的消费能力，黄金饰品的销量通常会快速上升；而在经济形势不好不坏的时候，黄金饰品市场的动向比较难判断。

家住江苏连云港的陆女士有一只家传的60克金镯子，按照现时黄金价格估算至少价值2万多元。但由于近期购买一套“二手房”着急用钱，于是想到把这只家传的黄金首饰变现。而她跑遍了当地的银行、金店、银楼，都只收自家货，她的金镯子没有办法变现。她不得以将金手镯以1.7万元卖给了熟人。

随着黄金价格震荡下行，一些投资者开始考虑将手中的实物黄金套现，但不少投资者遭遇“回购难”。银行、金店多数“自扫门前雪”，只回购自家销售的金条。而一些黄金投资公司虽然回购其他商家销售的金条，但要收取较高的“折旧费”，这让手持“黄金”意欲出手的投资者无所适从。对于黄金回购普遍存在的自扫“门前雪”现象，商家也有难处，原因还在于黄金纯度检测比较麻烦。

中国黄金投资网分析师介绍，与人们熟悉的股票、基金投资不同，黄金投资的“门道”比较多。以实物金来举例说，目前很多人仍把黄金饰品作为投资实物黄金的主要方式。实际上，黄金首饰一般没有保值升值功能。

他介绍，黄金饰品的加工费和税收费用都比较高，由于其含有很高的工艺附加值，售价要高出原料金很多，而黄金的回购价通常是在原料金金价基础上再折价一定比例，因此在黄金饰品持有期间即使黄金价格有所上涨，黄金饰品的保值升值效果也不明显，甚至在变现时，不仅不能获利，有时还可能亏损。

比如，2001年世界黄金价格处于近25年的历史最低位，平均价格为

270 美元 / 盎司，当时的黄金饰品价格为 90 元左右，而 2005 年黄金价格上涨到了 480 美元 / 盎司时，黄金饰品的市场价格为 125 元。假设当年购买黄金投资，单纯从黄金原料价格（参照美元价格）的角度看，投资收益率应该为 77.8%。

但如果投资者购买的是黄金首饰，2001 年时的买入价格最低为 85 ~ 95 元 / 克，一般金商收购旧金的回购价格最高也不超过 110 元 / 克。可见如果投资者投资黄金饰品即使世界黄金价格上涨了这么许多，同样也无法享受到黄金上涨的收益，投资首饰性黄金获得的大量投资收益，都将消耗到各种中间成本中了。

因此，黄金首饰最好用作消费，投资者不要将其作为黄金投资的主要方式。相对于黄金饰品，投资型金条和金币剥离了黄金饰品等黄金产品的高工艺附加值，平均每克要比饰金价格便宜 30 ~ 50 元，且定价体系基本上与国际黄金原料价格实时接轨，保值增值功能更加明显，比较适宜大众投资。

11. 如何鉴别黄金饰品

黄金的用途很广，有“百金之王”的美称。主要用作货币和装饰品。还用于陶瓷、镶牙、金笔等行业。黄金是黄而软的金属，比重虽大，硬度不大，熔点却高达 1065℃。金的延展性和可锻性最高，可压成很薄的金叶，亦可拉成很细的金丝。1 克纯金可拉成（直径）0.00434mm、长达 3.5km（公里）的细丝，金的导电率仅次于银、铜、为银的 74%。

黄金主要分布在南非、前苏联、美国、加拿大、澳大利亚、巴西等地。鉴于黄金具有绚丽颜色，耀眼光泽，以及优异的理化性质，古今中外都用它制作珍贵的装饰品。据统计，在世界黄金的消耗中，约有 60% ~ 70% 用于制作各种装饰工业品。如：金戒指、金项链、金手镯、金耳环、金边眼镜、金手表等。

黄金因其具有典雅的金黄色和迷人的金属光泽，以及良好的延展性和柔韧性等特性，一直以来颇受大众的喜爱，素有“百金之王”之称。目前在市场上较常见的黄金饰品的品种有千足金、足金、22K金、18K金、14K金、9K金等。还有作为仿真首饰出现的镀金、包金、鎏金类首饰。

纯金饰品一般在其某个部位上刻有足金、足赤，赤金等字样，也有刻着十足金、九金的印记，这些都是纯金的标记。一般地说，金无足赤，含金纯度在99.6%以上就可称其为纯金饰品。

K金饰品里的K数是表示金饰品中所含纯金的标记，纯金也可称24K，每K含纯金为4.15%。22K饰品含纯金为91.8%；20K为84%，18K为75%。

镶金饰品是指用K金制作或白金、白银所制的镶金饰品。而白金饰品价格则高于黄金，纯白金是一种很软的金属，标记为PT。白银饰品则一般会印上925纯银。白银和白金都是白色，但是白金呈灰白色，比重比白银高。

如今随着人们的生活水平越来越高，购买黄金饰品已经成为一种时尚，这样市场上不可避免地出现了一些假冒伪劣的黄金饰品，或者含金量不达标的。人们在选购首饰时，常会看到首饰上标有英文字母，如18K、18KF、18KP。K表示真金首饰；F是英文FILLING的缩写，KF表示仿金；P是英文PLATING的缩写，KP表示镀金。认识了这些标记并熟知其表示的含义，将有益于你在选购首饰时，不致将镀金可仿金饰品误认为是K金首饰。

如此贵重的饰品，当然需要放心购买才行，所以消费者就需要学习一些关于黄金饰品的鉴别方法。现在我国厂家生产的黄金首饰均有本厂戳记和含金量的字样。黄金的密度比银、铜、铅、铝等金属大，体积相同的黄金比白银重40%，比铜重1.2倍，比铝重6.1倍。黄金托在手中掂试时，会感到沉重坠手。另外黄金首饰一般纯度较高，色泽越深，足金为黄中透紫，18K为黄中泛青，14K金为黄中透赤。

将金首饰扔在坚硬的地上，落地时听其响声。真金发出的声音低闷、厚实、沉重，并且声无余音。假黄金的声音脆而无沉闷之感，一般是“当当”的响声，并且有余音。真黄金落地时跳动没有假黄金剧烈。

纯金具有硬度较小的特点，用手可以弯曲。假黄金用手弯曲时感到坚硬，如果用大头针在饰品上划痕，纯金制品的划痕较清楚。含金量低的饰品，即使能划出痕迹来，也比较模糊，而镀金首饰更为模糊。

而要想对黄金进行准确鉴别，可以采取火烧、试金石和化学三种方法。把首饰放在火种烧烤，待饰品微红时取出。冷却之后，纯金首饰依旧色泽如新，K 金首饰表面则呈现烟灰色的氧化层。纯度越低，颜色越黑。选择一种质地细腻的黑色试金石，用含金量不同的金片在试金石上划出痕迹，作出比较的标准，再将所要测试的首饰在同一试金石上划痕，滴上浓硝酸去掉杂物，留在试金石上的痕迹则为饰物的含金量。跟标准对比，找出与痕迹相同的色度，即为所测试食品的准确金量；将浓度为 70% 的硝酸，分别滴在首饰上，保持原样的是真金首饰，发生化学反应的不是真金首饰。

12．黄金饰品的保养

黄金是一种贵金属，其历史源远流长，灿烂辉煌。“金碧辉煌”、“真金不怕火炼”、“书中自有黄金屋”等赞美之词无不表达黄金在人们心目中的崇高位置。因为黄金的货币和金融属性，一直备受人们的青睐。随着社会的发展和人们的生活水平的不断提高，黄金首饰受到越来越多人们的喜爱。

黄金首饰从其含金量上可分为纯金和 K 金两类，纯金首饰的含金量在 99% 以上，最高可达 99.9% 以上。纯的黄金为艳丽的黄色，硬度为 2.5，加入其他金属后形成 K 金，不仅能增加其硬度，还能使它的颜色发生变化，如加入铜，会呈现出美丽的玫瑰红色，加入银则显现出浅黄色或白色。

纯金和 K 金首饰上都带有印记。标明含金量时，用“足金”或“千足金”字样的表明是纯金首饰，K 金首饰依含金量不同，标明相应的 K 数，国内常见的是标着"G13KAu750"的K金首饰,其含金量为75%。K金分为黄色K金、红色K金、白色K金、彩色K金;白色K金从外观上易与铂金混淆,可以从印记相区分,铂金印记为Pt。

纯金与其他金属起化学作用:纯金首饰很容易与银器、水银(汞:如体温表、温度计等)铅等贵金属起化学变化,使纯金首饰出现白点,但经过火烧挥发后白点便会消失,故佩戴时尽量避免接触上述金属。

由于我们居住的环境存在着二氧化硫的工业废气,或其他侵蚀性的化学物质,如磷酸盐,这些污染物会直接侵蚀黄金、合金,使纯金首饰出现小黑点,即使把首饰收藏起来也难免受到侵蚀,遇此情况只需把首饰交回珠宝店清理即可复原。此外由于纯金本身质地柔软,平时佩戴时也要格外小心。

可见黄金的保养也是一门学问,而实际上黄金饰品并不十分娇气,但是如果不细心保养,也会失去它最初的光泽和魅力。一般来说,下面几点是要注意的:洗洁精的化学成分会改变黄金的色泽,所以做清洁工作之前应该摘掉金饰品;避免直接与香水、发胶等高挥发性的物质接触,否则容易导致金饰褪色;游泳时要取下金饰,以免碰到海水或池水后,表层产生化学变化;保管的时候用绒布包好再放进首饰箱,避免互相摩擦而损坏;黄金比较软,容易变形,所以不要拉扯项链等饰品,以免变形。纯金首饰切勿与其他珠宝或其他金属饰品(包含K金首饰)共同收藏和配戴,以免敲击,磨损纯金首饰表面。

现今流行以真皮皮绳搭配纯金首饰,这种黄金首饰的保养还要顾及到真皮皮绳,首先真皮皮绳不能沾水,也不能大力摩擦。此外,真皮的皮绳不能接近高热物体,避免受到阳光的长期直射,以免影响其美观或质量。

第七章

黄金期货投资交易

CHAPTER7

黄金期货是针对黄金现货所推出的一种期货合约。投资者在对黄金期货进行投资之前，需要充分了解黄金期货的交易流程以及为自己选择一个合适的投资顾问，掌握一些基本的交易策略，同时要明确区分开黄金的远期交易和近期交易的区别，本章将就这些问题为您一一解答。

1．什么是黄金期货

期货是指由期货交易所统一制定的，规定在未来某一特定的时间和地点交割一定数量标的物的标准化合约。黄金期货就是针对黄金现货推出的一种期货合约。

和其他期货买卖一样，黄金期货也是按一定成交价，在指定时间交割的合约，合约有一定的标准。期货的特征之一是投资者为能最终购买一定数量的黄金而先存入期货经纪机构一笔保证金。一般而言，黄金期货购买和销售者都在合同到期日前，出售和购回与先前合同相同数量的合约而平仓，无需真正交割实金。每笔交易所得利润或亏损，等于两笔相反方向合约买卖差额，这种买卖方式也是人们通常所称的“炒金”。

黄金期货合约交易只需少量的保证金作为投资成本，具有较大的杠杆性，即少量资金推动大额交易，所以黄金期货买卖又称“保证金交易”。

如同股票投资要到证券公司开户一样，黄金期货交易要到期货公司进行期货开户。首先，黄金期货交易采取的是多空双向交易机制。其次，黄金期货交易的是符合国标 GB/T4134-2003 规定，含金量不低于 99.95% 的金锭，2008 年，上海交易所规定，每手黄金期货为 1000 克。再次，与股票投资实行 T+1 交易不同的是，黄金期货实行的是 T+0 交易，也就是当天买进当天就可以卖出。

黄金期货有几个优点。黄金期货可以双向交易，可以买涨，也可以买跌；可以以小博大，只需要很小的资金就可以买卖全额的黄金；价格公开、公正，24 小时与国际联动，不容易被操纵；市场集中公平，期货买卖价格在一个地区、国家，开放条件下世界主要金融贸易中心和地区价格是基本一致的；套期保值作用，即利用买卖同样数量和价格的期货合约来抵补黄金价格波动带来的损失，也称“对冲”。

黄金的价格波动较大，黄金的报价是根据国际黄金市场的行情，按照国际惯例进行报价，会受到国际上各种政治、经济因素如 a. 美元 b. 石油 c. 央行储备 d. 战争风险，以及各种突发事件的影响，金价经常处于剧烈的波动之中。黄金期货则不然，所以，可以利用黄金的差价进行实盘黄金买卖。

此外期货黄金的交易服务的时间长，每天二十四小时都可以进行交易，涵盖主要国际黄金市场交易时间，但是资金结算的时间短，当日可以进行多次开仓平仓，能为投资者提供更多的投资机遇。

黄金期货的交易还很简单，初期投资者能很快就掌握投资技巧，有无基础均可，即看即会；比炒股更简单，不用选股多么麻烦，分析判断相对简单，跟美元，原油走势紧密相关。全世界都在炒这种黄金，每天交易大约 20 万亿美元。一般庄家无法兴风作浪。在这个市场靠的只有自己的技术。

也许有人会担心投资黄金期货会亏损很多，黄金价格上涨，您可以做多黄金期货，这样可以赚钱；而黄金价格下跌，您可以做空，还是会赚钱。股票则不同，股票涨才赚钱，股票跌就会亏损。所以投资黄金期货是实现了真正的上涨下跌都赚钱。

炒黄金可以说在国内刚刚兴起不久，股票、房地产、外汇等在刚开始的时候都赚疯了，黄金也不例外，而且双向更灵活。加之黄金从古至今都是最佳保值产品这之一，升值潜力大；世界上通货膨胀加剧，将推进黄金增值。所以投资黄金期货有很大的优势。

但是投资黄金期货并不是只有优势，没有风险的，黄金期货合约在上市运行的不同阶段，交易保证金收取标准不同。入市的时点决定保证金比例的高低，投资者在操作时如果不注意追加保证金，很容易被平仓。如果在到期前不选择平仓，则到期时必须交割实物黄金，这并不是一般投资者愿意选择的。

可见黄金期货并不是一个万能赚钱的投资项目，投资者在投资之前要做好知识储备工作，才能确保在投资过程中尽可能少出现亏损。

2. 黄金期货交易流程

黄金期货交易从开户到结算交割，是一个完整的过程。黄金期货和其他品种的期货一样，都得按照上海期货交易所规定的期货交易方式完成。投资者要想在期货市场投资成功，首先得进入这个市场，为自己寻找一家合适的期货经纪公司。因为期货经纪公司是客户和交易所之间的纽带，除了交易所的自营会员外，所有投资者要从事期货交易都必须通过期货公司进行。

合法的期货经纪公司应该在交易现场挂出中国证监会颁发的《期货经纪业务许可证》和国家工商总局颁发的营业执照。并且，期货经纪公司在异地开设的合法的营业部也应该挂出上述证件。如在满足了合法性之外，期货经纪公司的商业信誉如何、能否确保客户的资金安全是重要的条件。一般来说，运作规范、严格遵守不自营规定的期货经纪公司的可靠程度比较高。

除了以上种种，投资者选择期货经纪公司还要看它的硬件和软件设施。比如，期货公司有哪些信息系统、是否开通网上交易、交易速度怎么样、是否有专设的研究咨询部门、手续费的收取标准是否合理等等。

同时，期货交易与股票交易不同，由于它利用保证金“杠杆”交易，风险性远远大于一般投资品种。同时，期货交易需要一定的专业知识，这些条件都要求投资者加强前期知识贮备。

专家建议，初次涉及期货交易的投资者不妨从模拟交易开始。现在，许多期货公司都设有网上模拟交易。通过模拟交易，投资者可以查阅资料，一边学一边交易，这样的做法将使投资者获益匪浅。

以黄金期货投资为例，投资者需要了解黄金的供需情况如何，一些预期的分歧点在哪里，历史上黄金出现过什么情况，各种技术指标有什么确切含义，按这些指标是做空还是多，出现特殊情况该如何处理等等方面。

模拟交易可以帮助投资者尽快熟悉市场，熟悉黄金品种的特性、熟悉相关的交易规则和交易方式。所以，这也是许多初级投资者目前比较接收的一种入门指南。

选定了合适的期货经纪公司，接下来就要办理开户手续了。所谓开户，是指在期货经纪公司开立专门用于期货交易的交易账户，投资者必须以真实身份办理开户手续。

从开户到正式交易，投资者必须配合期货经纪公司完成五个步骤。第一步，投资者应该详细阅读期货交易风险说明书；第二步，选择期货交易方式；第三步，签署期货经纪合同书；第四步，申请交易编码及确认资金账号；第五步，打入交易保证金并确认已经到账。

当投资者签署完期货经纪合同书，就可以填写期货交易登记表了。这张表格将由期货经纪公司交给交易所，为投资者申请交易所的专用交易编码，同时期货经纪公司还会分配给投资者一个专用的资金账号。

当投资者拿到资金账号以后，就可以往账户里打入开户保证金。当资金到账时，期货交易也就可以正式开始了。

黄金期货市场交易内容主要包括保证金、合同单位、交割月份、最低波动限、期货交割、佣金、日交易量、委托指令。

交易人在进入黄金期货交易所之前，必须要在经纪人那里开个户头。当交易人参与黄金期货交易时，无需支付合同的全部金额，而只需支付其中的一定数量（即保证金）作为经纪人操作交易的保障，一般将保证金定在黄金交易总额的10%左右。

最低波幅是指每次价格变动的最小幅度，如每次价格以10美分的幅度变化；最高交易限度，如同目前证券市场上的涨停和跌停。纽约交易所规定每天的最高波幅为75美分。

购入期货合同的交易商，有权在期货合约变现前，在最早交割日以后的任何时间内获得拥有黄金的保证书、运输单或黄金证书。同样，卖出期货合约的交易商在最后交割日之前未做平仓的，必须承担交付黄金的责任。

3. 选择黄金期货投资顾问

黄金期货投资顾问是指从事黄金期货投资，为投资者提供黄金期货投资技术指导和实战策略的专业人士，他们与黄金期货投资者之间是一种服务与被服务的关系。

一般情况下，非专业投资者，缺乏黄金投资专业知识，对于黄金期货投资的了解不深，不能很好地把握黄金市场的动态，需要借助投资顾问来进行相关咨询和指导。还有一些企业或个人，会将黄金期货交易作为一项兼营业务，这个时候就需要聘请专业的投资顾问来代理黄金期货交易。再者，个人投资者难以把握好的机会，会因为个人的犹豫不决而错过买入或卖出的最佳时机的投资者，需要聘请专业投资顾问来制订交易策略，克服自己在交易中不够果断和缺乏主见的弱点，把握市场良机，提高投资成功的几率。

那么什么样子的条件才是一家好的期货公司呢？首先，该公司在期货行业有较好的口碑，没有发生过经济纠纷等事宜，这样才能够确保该公司的制度规范、客户的资金才有安全保障。

此外，公司在相关期货品种有较强的优势。例如：江苏弘业股份集团下属的黄金交易部在上海黄金交易所有着十几年的现货黄金交易经验。在期货黄金推出后，弘业期货可以说是国内少数的有黄金现货以及黄金期货交易背景的期货公司。自然在黄金分析及交易中有着其他期货公司无法比拟的优势。

期货公司还要具有较强的研究团队。就像弘业期货有专门的金融研究所，还有专门的金融期货部，这样在研发、指导黄金品种的交易中就会更加权威性。

完善的服务团队——金融期货部也是一个好的期货公司所必须的。优秀的期货公司在投资顾问制的执行方面会做的很到位，这将会让每个刚进入期货市场的客户与投资顾问有充分交流沟通，确保投资者能得到及时的行情分析，特别是对市场上的突发事件能够及时得到提醒。

因此，选择一个优秀的团队，一个有着客户至上的服务理念的期货公司就更加重要。那么，什么是好的期货经纪人呢？

通常在期货公司开户后，首要先对交易软件的使用、行情如何看等基本知识与经纪人有个初步的沟通。有足够的耐心引导你进入期货市场中的经纪人日后才能够提供更为优质的服务。优秀的经纪人在交易初期会帮你分析利空利多的因素以供参考；在日常的交易中时常能够给予你交易提醒；在行情走对（错误）的时候帮忙分析缘由或是鼓励的经纪人才是你最好的帮手。

同时，投资者在选择黄金投资顾问的时候，要从职业道德、实践阅历以及技术分析这三方面来进行参考，黄金期货投资的交易数额不定，少则几万块，多则几十万块，因此投资顾问应具备诚实守信的品质和对客户负责的职业素质，本着为客户服务的意识，来进行投资操作。

投资顾问还应具备良好的业务基础和丰富的实战经验，来应对客户遇到的各种状况。他对投资市场具有敏锐的洞察力，能帮助投资者在资金运作以及风险控制上及时做出判断和调整。

4. 黄金期货价格分析

进行黄金期货投资与股票等投资一样，有两种分析价格的方法，即基本分析与技术分析。下面就这两种分析方法分别向读者进行介绍。

基本分析是分析影响黄金期货价格的基本性因素，力图找出黄金的价格走势和黄金市场之外的事物间的联系，以求得出金价的变动方向。基本分析认为黄金价格的波动主要是市场供应和需求的基本因素的影响而引起的，根据市场供求关系以及影响供求量变化的其他因素的分析可以预测黄金商品的价格走势。基本分析注重黄金价格中长期走势。

基本分析考虑影响金价的因素主要有：全球特别是美国的政治、经济形势；各国政府及中央银行的黄金政策；国际金融市场的变化，如各国货币之间的汇率，特别是美元汇率的变化，银行利率，特别是美国利率的变化等；各主要黄金生产商的套期保值策略；黄金生产情况；黄金消费情况；其他如时间因素、心理因素、资金因素、比价影响等。

其中供求关系和全球特别是美国的政治、经济形势起主要作用，而且是长期起作用的因素。各国央行和生产商的策略则对黄金的中期走势影响较大，往往会决定一个时期内金价的变化。美元汇率和油价等则经常直接对金价发生影响，所以往往有美元涨、金价跌或者油价涨、金价涨的说法。

技术分析是从一个比较长的时间序列来看问题，对黄金市场中诸因素的变化进行分析，特别是把黄金价格的走势和它自身以前的走势相比较，从中找出规律，从而确定金价运动的方向。技术分析着重分析预测短期市场价格走势。

技术分析有三个假设前提，即市场行为反映一切，价格依趋势运动和历史会重演。主要技术分析方法有道氏理论、波浪理论、量价关系、K线图表及一些常用技术指标。应用技术分析可以帮助投资者更好得分析金价的走势，决定投资策略，但它不可能像数学公式一样精确。

如果说基本分析解决的主要问题是市场为什么波动，技术分析解决的主要问题则是市场什么时间和位置发生波动，技术分析与技术分析是互补的，结合两种分析方法，能提高预测的准确性。而且股票、外汇等其他投资市场也普通运用这两种分析方法进行价格预测，属于成功经验的总结，对研究黄金大有裨益。

同时作为黄金期货的投资者还需要关注影响我国黄金期货价格的三方面因素。

首先要密切关注国际黄金市场的价格走势。目前国际黄金市场的定价权主要由美国黄金市场和伦敦黄金市场所主导，国内黄金价格是依照国际金价来确定的，国际金价和国内金价具有非常高的相关性。据统计，2007年国际和国内黄金市场的现货价差大多时间都保持在1%以内。这充分说明国内金价和国际金价走势具有一致性，影响国际金价变动的因素也会影响到国内金价的变动。长期以来，国际金价的影响因素主要是：国际地缘政治事件；美元走势；石油价格；主要国家股市；大宗商品价格水平；黄金产量等。

其次要关注我国黄金现货价格对期货价格的影响。目前我国黄金现货价格主要在上海黄金交易所形成，而国内黄金期货价格则将由上海期交所主导。黄金现货价格与期货价格的价差应保持在一个合理范围内，如果现货价格与期货价格相差过大，就会出现套利资金大量介入两个市场以获得无风险套利收益，从而使得黄金现货和期货的价差重新回到合理的区间内。这个合理的价差范围主要由交易、持仓和交割过程中所发生的费用多少所决定。

目前上海期货交易所的交割品实物规格与上海黄金交易所的现货实物规格基本一致，都为纯度99.95%的3千克金锭，这就为两个市场的实物流通和套利行为提供了便利条件。但目前两家交易所的仓单还不能实现互换，使得黄金期货和现货市场的相互流通增加了成本。

再次要关注人民币汇率的升值对我国黄金价格的影响。近年来人民币汇率一直保持升值趋势，人民币兑美元在2007年上涨了6.4%，也就是说以美元计价的金价如果用人民币计价就会减少一定的增幅。据统计，2007年伦敦金价格上涨了30.87%，而上海黄金交易所的9995金仅上涨22.68%，上涨幅度减少了8.19%，该数字高于人民币汇率的升值幅度。

总之，影响国内黄金期货价格的因素是多方面的，这些因素通过相互作用或是连锁反应对黄金期货价格将产生重要影响。

5. 黄金期货交易策略

作为一个投资者，如何参与黄金期货的投资呢？黄金期货交易有什么技巧呢？接下来，就为大家提供一些个人投资黄金期货应该切记的“八大技巧”。

（1）熟悉交易所交易规则

在黄金期货上市之初，很多投资者只是把黄金期货当作实物黄金买进，没有熟悉掌握交易所的各项制度就匆忙入市从而在很短时间内造成亏损。而我们了解有相当大一部分的投资者是在这种情况下参与交易而导致了不好的结果。从最基本的来说，参与黄金期货交易的投资者首先要知道黄金期货的标准合约情况。除此以外，因为国内黄金期货价格和国际黄金期货价格的涨跌基本一致，对国际黄金期货的交易规则也是必须要掌握的。

（2）要控制仓位

牢记“现金为王”。在期货市场中，“现金为王”被赋予了更加重要的意义。投资黄金期货时，每次投入的资金不要超过总资金的20%。然后根据经验的逐渐丰富和市场趋势的逐渐明朗，再慢慢加大自己的仓位。但即使这样，一个品种的最后持仓量也不要超过总资金的50%。否则，一旦操作失误，想翻身就难上加难了。

（3）应及时止损

投资者在黄金期货市场中最常见的错误，便是没有及时迅速止损。多空双向制的黄金期货交易，由于它的杠杆作用使盈利与亏损都被放大。不及时止损所带来的后果往往极其严重，必须时时注意保护自己的资本，不能让损失无限扩大。一句话，任何品种的交易都没有只赚不赔的方法。成功的交易是通过控制损失的好坏决定的。

（4）等待回调

股票市场是一个只能单边做多的交易市场，而黄金期货是既可以做多也可以做空的双向制市场。这就决定了黄金期货行情走势与股票行情走势的根本不同。在股票市场，利好消息出台或价格突破关键位置时，将会有热钱进入，不断买入股票，推高价格。而在双向制的黄金期货市场中，利好消息出台及关键位置被突破时，不仅有热钱进入市场，还有市场中原来的反向持仓所有者大批平仓，加剧推动价格波动的力量。所以，黄金期货的买卖要求投资者比在股票市场中更加迅速，否则回调出现时往往价格已走完了一个波段，此时入场将备受折磨。

（5）冲破前市高低点的启示

“顺势而行”是期货买卖的重要原则，但最难掌握的却是对大势的判断。不要说整个大走势呈现出曲折的、波浪式的轨迹，就以即时走势来说，升升跌跌，也是相当曲折。

（6）要顺势而行

顺“势”者“昌”，逆“势”者“亡”。“顺势而为”，这一点非常关键。在一个大的趋势已经明确的时候，不要自作聪明，猜测何时逆转，逆势而为。在一个已经形成趋势的行情中，我们应该在判断好了以后，尽量按此方向买入或卖出，不要为小利而“逆水行舟”，逆势操作，往往会败得很惨。在这里还要注意的一点就是，市场趋势的发展并不完全是一帆风顺的，中间会包含着一次次的反向波动。

（7）切忌频繁交易

股票市场的T+1交易制度，使很多股民在当天进场后，发现错误也没办法在当天补救。而黄金期货的T+0制度使投资者在当天就有机会重新进行选择。但这种制度也是一把双刃剑，如果没有严格按照自己的计划操作，很容易因受情绪左右而多次判断失误，导致交易频繁。所以在这种自由度较大的市场中，投资者更要控制好自己的情绪，计划好自己的交易，交易好自己的计划。

（8）黄金期货投资者要严格树立风险意识

在投资过程中交易者所持有的头寸不一定和当前的价格走势一致，在这种情况下交易者就要提高警惕，必须在很短的时间内对黄金价格下一阶段的走势做出判断，还要对当初建立头寸时的依据再做深入分析，研究是否对某些信息做出了错误的判断，或者忽略了某些本来需要重视的信息。同样，在所持有的头寸和目前的价格趋势一致时也不能麻痹大意，因为影响黄金期货价格波动的因素众多，如果对某些方面大意，就会造成本来产生的投资收益减少甚至化为乌有最终变成亏损。

6. 管理好黄金期货交易头寸

金融市场是一个错综复杂的博弈场所，尤其是在黄金期货交易市场中，投资者如果想要在金融交易中获得稳定持续的盈利表现，需要构建一个完整的、系统化的交易理念和风险控制模式。

期货交易由于具有高杠杆和双向交易机制，对错误交易的容忍度非常低，少数几次失误就可能导致致命的亏损，所以在期货交易系统中最重要的是风险控制模式，其中最核心的部分是头寸管理，因为头寸的数量直接影响潜在损失的大小，其次是止损技巧，再次是盈利时的退出机制，最后是入市方式。

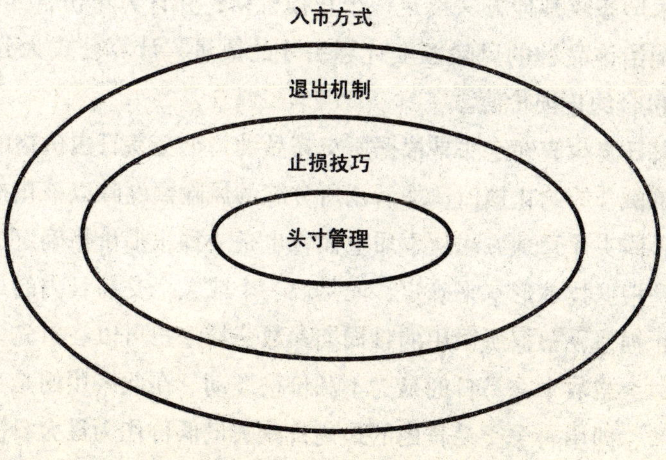

头寸管理是构建期货交易系统的核心部分，因为头寸规模和头寸分配决定了账户所面临的交易风险。在实际交易中，投资者是无法获得具有百分之百胜算率的交易模式的。如果没有合理的头寸管理方式，一两次亏损的交易可能产生致命的损失，而科学的头寸管理则能够降低错误判断所带来的亏损，减少账户交易的毁灭率。

制定头寸管理的策略一般有两种模式：第一种是在交易之前就已经确定了总头寸大小，即设定总的保证金占账户资金的比重，然后是分配每个交易品种所占有的资金量，通过计算每个品种的波动性，得出在单个品种上所面临的风险，最后再加总所有头寸的风险；第二种方式是先确定账户所愿意面临的总风险，如设定账户最大亏损为总资金的5%，其次分配所交易的每个品种承受的风险，通过单个品种波动性和所承受风险的对比，可以计算出品种的头寸规模，加总后就得出总的头寸大小。

交易头寸有多种计算方法，等价值头寸确定法是指将账户中用于交易的资金平均分配到所交易的品种上面，并给每个交易品种设置相同的止损幅度。例如账户总资金为100万元，用作保证金的资金比例为40%，即40万元，交易大豆、玉米、橡胶和白糖四个品种，则每个品种分配资金10万元，按照建仓时的价格计算每个品种的持仓数量（10万除以单份合约保证金），并为每个品种设置10%的止损幅度，账户总资金的止损幅度则为4%。

止损价头寸法是根据止损价格计算头寸规模，具体程序如下：在建仓时按照技术形态或其他方法设定一个止损价格，并计算单份合约的止损价值，根据分配给该品种的风险额度计算头寸的数量，计算公式为分配的风险额度/单份合约止损价值。

最大日波动值确定法是根据所交易品种一个交易日内价格的最大波动幅度计算单份合约的止损值，然后用所分配的风险额度除以该止损值来计算头寸数量。该头寸管理方法从本质上而言也是一种止损价格确定法，只是止损价格不是根据技术形态来确定，而是以一个或数个交易日内的最大价格波动来设定止损值，根据所采用的日周期参数交易账户可以在事先设定的风险度下承受一个或数个交易日的最大不利价格波动。在此采用的是一个交易日的周期参数，即用一个交易日内的最高价减去最低价作为最大日波动值，然后据此计算头寸大小。

最大日波动值确定法采用的是价格绝对波动值，但在实际交易中相同的绝对波动值对于买方和卖方的影响是不同的，所以需要采用一定的技术将这种区别反映出来。一种可行的办法是用绝对值价差分别除以最高价和最低价，作为买方和卖方面临的最大风险值。用公式表示则为：

买方最大风险 =（最高价 – 最低价）/ 最高价

卖方最大风险 =（最高价 – 最低价）/ 最低价

目前金融市场的全球联动性越来越高，特别是商品中的基本金属和豆类品种等，受外盘价格影响非常大，投资者在交易这些品种时面临着较高的隔夜风险，所以在进行严格的头寸管理时应该将隔夜风险计算在内。

7. 黄金期货交易的止损管理

在黄金交易中进行止损设置的最大目的是为了把损失降低到最小的范围。当账户已经亏损或即将出现亏损，只有通过止损才能最大限度的遏制损失的扩大，这样既能保证投资者不至于遭受更大的损失也不至于失去博取更大利益的可能。因此，止损设置对于很多投资者来说就显得尤为重要。

而黄金期货与其他期货品种在交易上存在着明显区别，其止损方案也有所不同。尽管黄金期货也采用保证金制度和双向交易机制，但黄金价格的日波动率相对较低。过去 10 年中金价的平均日波动率为 1.58%，而伦敦铜、伦敦铝、白银和原油的平均日波动率分别为 1.91%、1.61%、1.98% 和 3.66%。

这就意味着投资者在黄金期货交易中设置止损位时，可以根据金价的历史波动特点，将止赢位或者止损位设置在日波动幅度上限附近。例如如果日内金价涨幅达到 1.6%，那么短线交易的投资者可以考虑在涨幅达到 1.5% 附近时将手中的头寸获利了结。中长线投资者则可结合预设的风险盈利比及所投入资金的比例来设定止损位。例如初入期市的投资者可以将30%左右的资金投入市场，将盈亏比设定为3:1，当损失达到预期盈利的30%时止损出场。

此外，黄金更适合中长线投资，在设置止损的时候有这样的技巧：盘整时应该适当缩小止损比例，而单边行情则可适当放大。

由于黄金表现出很强的货币属性和金融属性，因此国内外市场上黄金的价格波动方向和幅度都非常接近，跨市套利的机会有限。国际市场上交易最活跃的时间往往是北京时间夜间，如果届时出现对市场冲击较大的突发事件，就有可能令全球金价日内波幅增大，次日国内市场往往会出现大幅跳空开盘的情况。

对于持仓隔夜的投资者，在设置止损时，应该将计划止损同突发止损结合起来。突发性止损对投资者的心理考验极大，需要很强的自控能力来应对市场不利变化所带来的心理冲击，做出理智的止损决策。

在没有预设止损指令的情况下，如果期价开盘时已经突破事先确定的计划止损位，投资者往往会在激烈变动的行情面前不知所措，甚至在侥幸心理之下难以做出理性决策，希望通过拖延等待期价转向对自己有利的方向，这正是期货交易中的大忌。

尤其需要注意的是，很多投资者在止损后为了尽快赚回亏损的资金，往往选择仓促入市博取逆势行情带来的收益，这样操作的结果往往会导致更大的损失，是黄金期货交易中应该尽量杜绝的，因为投资者在逆势操作中所承受的风险远大于预期收益。

因此，有专家建议：投资者在下单前，应该设计好计划止损，明确止损价格，在下单后立即添上止损价，一旦行情不如意，就能够有效地抑制损失。

8. 黄金期货的套期保值交易

2007与2008年之交，国际金价一路飙升，并在2008年3月17日达到1033美元/盎司的历史高位，金融危机深化后，黄金价格自历史高点回落，并在2008年10月24日跌破700美元/盎司，剧烈的价格波动使金矿企业面临黄金价格下滑风险，但黄金期货的适时推出给了企业进行套期保值及无风险套利的利器。以紫金矿业为例来介绍企业在期现套利的操作：

黄金期货上市首日价格高达230.99元/克，依据上述基差理论价格，806合约应该高于现货金价约5元，结果价差达到20多元，因此，紫金矿业果断地在期货市场抛空，同时在黄金交易所现货市场买入，进行无风险套利。

事实上，产金企业也可以不使用对冲，而是进行套期保值。据了解，1月9日，紫金矿业尝试性地卖出了130手合约，此后的三个交易日，紫金持有的空单数量大幅增加至1513手，且都是6月15日到期的，同时，在现货市场买入相等头寸现货进行严格的无风险套利，事实表明，套利的结果给紫金矿业带来了丰厚的利润。

期货市场和现货市场是两个独立的市场，但它们会受到相同经济因素的影响和制约。因此，一般情况下，两个市场的价格走势相同，套期保值就是利用这两个市场的价格关系，分别在两个市场左方向相反的交易，以一个市场的盈利来弥补另一个市场的亏损，从而达到保值的目的。

套期保值之所以能助于规避价格风险，达到套期保值的目的，是因为期货市场的运行以两个基本经济原理为基础：第一，趋同性：期货价格和现货价格的变动趋势基本一致。期货市场虽然是与现货市场不同的市场，但是因为影响价格的供求变动因素是基本相同的，当由于特定的因素变化引起现货市场价格上涨（或下降）时，期货交易价格也会受此影响而上涨（或下降），尽管变动幅度可能会不一致，但变动方向是一致的。第二，价格回归：现货市场与期货市场价格随着期货合约到期日的临近，两者趋向一致。另外，期货的交割制度保证了现货市场和期货市场的价格随期货合约的到期日临近，趋于一致。

近年来，黄金价格不断上涨，且价格波动也越来越激烈；由此，给很多企业的稳定经营带来了巨大的风险。随着我国黄金市场的逐步开放，黄金投资工具的日益完善，尤其是黄金期货的推出，使得利用黄金投资工具来进行套期保值以规避价格风险将成为企业风险控制中不可或缺的手段。

价格风险无处不在，特别是在价格波动激烈且难以把握的黄金市场，无论价格向哪个方向变动，都会给一部分企业造成损失。需要销售黄金的企业面临着金价下跌的风险，这些企业在持有黄金时，一旦金价下跌，其售价可能远低于预期售价，使利润下降，甚至亏损。同样，需要购进黄金的企业又可能因价格上升而增加了成本，降低了利润，为此，严重影响了企业的稳定经营。因此，通过套期保值，可以利用在期货市场由于价格波动带来的收益以弥补现货市场上由于价格波动所造成的损失，从而，达到控制成本，锁定利润的作用，确保企业稳定经营，良性发展。

总体而言，黄金套期保值的适用对象主要是指成本、利润对金价波动敏感，且受金价波动影响的生产黄金、消费黄金和销售黄金的企业。但需要注意的是价格波动的风险是不可能消失的，企业通过套保把风险也只是转移而已，最终总会有风险承担者——投机者。

期货市场除了有大量的套期保值者以外，还有更多的投机者。正是这些投机者因为愿意承受高风险以博取不确定高收益，才使得这个市场的套保者有了对手盘，而能正常运转。所以当企业要进行套期保值时，除了参照市场价格还需关注投机盘或者是市场氛围，最后来综合制定自己的套保方案。

9. 黄金远期交易

黄金的远期交易是买卖双方根据双方商定的价格，在稍后的一段日期里买卖一定数量的黄金的责任和义务。与黄金现货交易不同，远期交易的义务和义务的履行在时间上是清楚地分开的。

黄金远期价格的计算是以所交易的对象的即期价格以及相应的货币在欧洲市场的利率及其到期日为基础。远期交易是不可撤销的，它可以在任何时候按原来商定的日期通过再买卖相应数量的黄金而结清，在到期日时，可得知因价格变动而引起的损失或收益。

远期交易的有远期定期销售和现货递延销售以及远期平价销售三种主要方式，远期定期销售是指黄金生产企业承诺在今后某一具体日期交售黄金。现货递延销售指黄金生产企业签订合同后，只需要提前一定时间通知，就可以在任何时候交割，企业没有在特定到期日立即交割的义务。黄金银行允许交售递延的期限取决于矿床的有效开采期和企业的生产作业表现。但在递延期内要按合同到期当日的黄金租借利率继续计息。这种合同对生产企业来说，交割承诺比较灵活，特别是矿山投产的最初几个月对产出没有把握的时候，企业比较偏向于签订此种合同。远期平价销售指黄金生产企业按照固定的价格于将来分批向黄金银行交售黄金。

黄金远期交易的价格表示为即期价格加远期溢价。计算公式为：黄金远期价格 = 即期价格 + 即期价格 ×（银行利率 − 贷金利率）× 天数 /360。例如，1999 年 11 月 22 日，黄金市价 294.9 美元 / 盎司，黄金 6 个月远期年利率为 4.35%，那么 6 个月的黄金远期价格为 303.31 美元 / 盎司。

黄金生产企业和黄金银行达成远期黄金销售合同的同时，黄金银行向中央银行租借合同规定数量的黄金或用库存黄金在现货市场上售出，并将获得的现金投放到资金市场。远期交易到期日，企业交售黄金，黄金银行从资金市场收回本息，支付企业黄金交割现款，归还从中央银行租借的黄金并支付利息。

可见，黄金远期交易和其他一般商品远期交易有着显著的区别。参与一般商品远期交易的双方主要是为了锁定未来交易价格，销售者通过远期交易避免未来价格下跌风险，而商品购买者通过远期交易避免价格上涨的风险。到期交割的时候，除非远期价格等于交割当日的市场实际价格，否则，参加远期交易者中总有一方没有达到预期的规避价格风险的目标。

但是黄金生产企业远期销售和一般商品远期交易者的目的一样，也是为了规避未来价格下跌的风险，但交割当日市场金价高于远期价格时，也有不能以高于远期价格的市场销售的机会成本。参与黄金远期交易的另一方黄金银行在交割当日市场金价低于远期价格时，不会因生产企业履行合同发生实际交割，而不能以市场价购买黄金的机会成本损失。

因为，黄金银行从资本市场收回的本息足以支付黄金交割现款和央行利息，另一方面，黄金银行参与黄金远期交易的目的不是为了以既定的价格在未来购买黄金，而是为了获得一笔现金流量，通过资本市场的运作获得可能超过黄金远期升水和额外收益，同时还可以获得企业为远期交易交付的交易费。

黄金的远期同样存在风险，首先表现为交易对象的风险，主要就是交易的对象停止交易会不履行合同的风险，这种风险只能通过与信用可靠的黄金银行进行交易控制。其次还有交割风险，黄金生产企业在到期日因某种原因无法按合同规定的交易数量向黄金银行交售黄金，黄金银行将不得不在现货市场购买黄金归还中央银行的黄金贷款。因此，黄金银行通常只对企业年产量的60%以内的黄金做远期交易。最后还有金价上涨的风险，如果金价上涨的幅度超过了远期交易溢价，企业将会产生不能以较高的市场价格销售的机会成本。

10. 本地伦敦金交易

本地伦敦金，由于Loco与Local的发音相近，所以才被误解为本地伦敦金。通常所指的伦敦金，是指存放在伦敦城地下金库里纯度为99.5%的400盎司的金砖。它是全世界投资者广泛参与的伦敦交易所对应的标的物。

本地伦敦金是双向交易，即T+0模式。当价格上升时，就可以买入建仓，将价格下跌时，就卖出建仓，以大约合约实际价值的1%作为保证金即可进行交易。

本地伦敦金交易具有多空机制的特点，在市场行情下跌的情况下也有机会可以赚钱。现货黄金投资的优势就是不存在套牢，不存在黄金跌价你就没钱赚。很多投资朋友对于做多都比较理解，无论我买什么东西，只要涨上去我就能赚取到其中的差价赚到钱，但是跌下去，我就没有机会了！如果今天你还是这样想的，那我要告诉你，你在开始落后于市场了，除了涨我们能赚到钱，跌也能赚到钱，那就是做空机制！因此伦敦金无所谓熊市和牛市，只要有波动，就有赚钱的机会！

伦敦金交易的时间是24小时（节假日除外），这方便任何人投资，除非你每天24小时都有事做，伦敦金一般在欧洲盘开盘到纽约时段午盘（大概是下午3点到晚上12点）行情波动都比较大，给喜欢做超短线的朋友带来不少的赚钱机遇！

伦敦金的交易杠杆比例是1:100，因此是一种高风险投资，但是也是一种风险可控性的投资品种，接下来我们会说明它的高风险性和风险的可控性！

杠杆比例将资金量放大100倍，即伦敦金投资：一手=100盎司（1盎司=31.1035克），目前国际金价比如说是1656美元/盎司，那么一手伦敦金的价格就是 165 600 美元，我相信这么高的价格没有多少人能来做投资。

但是由于杠杆比例，我们降低了成本，现在只需要 1000 美元的保证金就能拥有 1 手伦敦金的交易权！这样就适合更多人投资！

当然你的资金 100 倍，降低了你的成本，但是你投资的风险也增大了 100 倍！有没有办法将风险控制一下？答案是肯定有的，这就是伦敦金风险的可控性！

“伦敦金”交易常存在骗局，1999 年在香港被揭发行骗的公司有 62 间，事主人数增至 710 人，损失总金额达港币一亿五千九百万元。个人投资“伦敦金”时，必须非常谨慎。

伦敦金交易在国内并没有交易商，全部投资行为都在境外进行，因此个人进行伦敦金交易时要注意，客户是与境外的交易商签订合同，客户资金以美元的形式进入境外交易商的公司账号。

资金要流向境外，要出国门，不会使用人民币形式，会使用境外货币的形式。因此投资者进行识别的时候，要看资金使用的是人民币还是境外货币。

如果进行境外投资，钱应该流入到境外黄金投资公司或者做市商平台上，而不是国内某一家公司收取你的资金，如果收去你的资金，不管人民币还是美元都是有问题的。比如说一个美国人想做中国的 A 股市场，必须在中国开户，进行炒股。反过来，如果中国人到境外进行黄金投资，也要把黄金流出来，变成国外承认的货币。

对于投资软件，当投资者使用的时候才会发现到，或者模拟的时候才会发现到，价格会不会有突发性的滑点，市场上没有迹象的时候，价格突然滑动，而且在某一个时间段根本登陆不上去，有一些可能是因为系统繁忙，但是作为国际上真正的标准做市商以及黄金公司来讲，他们的系统已经经过千锤百炼了，世界各个角落的人都要通过他们的平台进行交易，他们的技术力量和支持是非常强大的，基本上不会出现登陆不上去的情况。

第八章

黄金投资的技术分析与风险掌控

CHAPTER8

做任何投资都有一定的风险，在黄金投资领域也不例外，因此投资者在进入黄金投资领域之前就要做好充分的思想准备，当然最重要的是做好知识准备。本章将为您介绍黄金投资领域内的三大理论假设以及两大基本理论，通过学习相关知识来更大程度地规避投资风险。同时还要警惕底下黄金的交易陷阱，做好相应的黄金投资风险掌控。

1．三大理论假设

在市场中，价格、成交量、时间和空间是进行分析的要素。这几个因素的具体情况和相互关系是进行正确分析的基础。

技术分析的理论基础是基于三项合理的市场假设之上。

（1）市场行为涵盖一切信息

它是进行技术分析的基础。技术分析者认为，能够影响某种商品期货价格的任何因素实际上都反映在其价格之中。

这个前提的实质含义其实就是价格变化必定反映供求关系，如果需求大于供给，价格必然上涨；如果供给过于需求，价格必然下跌。供求规律是所有经济预测方法的出发点。那么，只要价格上涨，不论是因为什么具体的原因，需求一定超过供给，从积极基础上说必定看好；如果价格下跌，从经济基础上说必定看淡。归根结底，技术分析这不过是通过价格的变化间接地研究基本面。大多数技术派人士也会同意，正是某种商品的供求关系，即基本面决定了该商品的看涨或者看跌。

另外，市场行为包容消化一切，一方面表明市场价格的变化反映了外在信息的变化，另一方面，外在信息的变化在价格变化上是否完全体现或过度体现，也需要值得重点思考。一条或多条利多信息在被市场得知时，价格可能已经有了一段上涨，那么我们需要去理解和分析这样利多信息是完全被价格的上涨消化了，还是未被消化或是已经被透支消化。

（2）价格沿趋势移动

这是进行技术分析最根本、最核心的因素。如果股价的变动不成趋势，是指随机的变动，那么就没有必要学习技术分析。

该假设认为股票价格的变动时按照一定规律进行的，股票价格又保持原来方向的惯性。一般说来，一段时间内股票价格一直是持续上涨或下跌，那么今后一段时间，如果不出意外，股票价格也会按这一方向继续上涨或下跌，没有理由改变这一既定的运动方向。常言道："顺势而为"，如果股价没有掉头的内部和外部因素，没有必要逆大势而为。正是由于这一条，技术分析者们才花费大量心血"按图索骥"，试图找出股票价格的变动规律。

（3）历史总会重演

这是从人的心理层面考虑的，人的行为受到心理学中的某些理论的制约。

技术分析和市场行为学与人类心理学有着千丝万缕的联系。比如价格形态，它们通过一些特定的价格图标形状表现出来，而这些图形表示了人们对某市场看好或看淡的心理。其实这些图形在过去的几百年里早已广为人知、并被分门别类。既然它们在过去管用，就不妨认为它们在未来同样有效，因为它们是以人类心理为根据的，而人类心理从来就是"江山易改本性难移"。"历史会重演"说的具体点就是，打开未来之门的钥匙隐藏在历史里，或者说将来是过去的翻版。

历史会重演，但却以不同的方式进行重演。现实中没有完全相同的两片树叶。投资者常常在相似的历史变化中寻求投资"真理"，但最后却伤痕累累，这也正说明里市场是变幻无穷的。

在三大假设之下，技术分析有了自己的理论基础。第一条假设肯定了研究市场行为就意味着全面考虑了影响股价的所有因素；第二条和第三条假设使得我们找的规律能够应用于股票市场的实际操作中。

在金融投资市场中实用技术分析法来进行研究分析，就犹如基本面分析一般，必须在正确理解的基础上，才能更进一步地用好技术分析的基础，从而做出正确的分析结论。而好的投资决策需要正确的分析方法。因此，我们进行技术分析时，需要正确理解技术分析的三大假设。

2. 两大基本理论

在技术分析中有两大基本理论，分别是道琼斯理论和艾略特波浪理论。它们在黄金投资技术分析中发挥着重要的指导性作用。

一、道琼斯理论

道氏理论是所有市场技术研究的鼻祖。尽管它经常因为“反应太迟”而受到批评，但只要对股市稍有经历的人都对它有所听闻，并受到大多数人的敬重。

道氏理论主要应用于股票市场，但与其他的技术分析理论一样，也可以根据不同市场的不同特性，适当调整后应用于各个投资市场。

道氏理论认为，股票价格运动有三种趋势，其中最主要的是反映股价广泛的全面型上升或下降的基本趋势。通常情况下，当基本趋势持续上升就形成了多头市场，持续下降就形成了空头市场。第二种趋势是常与基本趋势运动方向相反，并对基本趋势起到牵制作用的次级趋势，也称为修正趋势。它的上升或下降幅度一般为股价基本趋势的三分之一或三分之二。还有一种趋势就是能反映股价在几天之内变动情况的短期趋势。

在三种趋势中，长期投资者最关心的是股价的基本趋势，其目的是想尽可能地在多头市场上买入股票，而在空头市场形成前及时地卖出股票。投机者则对股价的修正趋势比较感兴趣。他们的目的是想从中获取短期的利润，短期趋势的重要性较小，并且容易受人操纵，因而不便作为趋势分析的对象。人们一般无法操纵股价的基本趋势和修正趋势，只有国家的财政部门才有可能进行有限的调节。

基本趋势：

即从大的角度来看的上涨和下跌的变动。当下一个上涨的水准超过前一个高点，每一个次级的下跌，其波底都较前一个下跌的波底高时，其主要趋势是上升的，形成了所谓的“多头市场”。而如果每一个中级下跌到导致价位到了更低的位置，并且接下来的弹升也无法将价位拉至更高点，那么其主要趋势是下跌的，这便是“空头市场”。

一般长期投资者会将主要趋势作为技术分析的主要对象，根据市场的不同形势买入或抛售股票。而次级下跌和短期变动则往往不是他们关注的对象。但对于那些经常性交易的投资者来说，次级变动就显得尤为重要了。

次级趋势：

次级趋势是与主要趋势做反方向运动的一种逆势行情。它在多头市场中显示的是一种中继下跌或“调整”行情，在空头市场中显示的是中级上升或反弹行情。在多头市场中，通常跌落部分约占主要趋势涨升部分的三分之一到三分之二。大部分的次级趋势的涨落幅度在这个范围内，但也有一部分回落达不到三分之一或更少。因此，任何与主要趋势相反方向的行情，持续时间通常保持在 3 个星期左右，并且回落主要趋势涨升的三分之一，则可以判定为该趋势为次级趋势。

短期趋势：

它是一种短暂的波动，持续时间通常少于 6 天，最长不超过 3 个星期。尽管它对于投资者的意义不大，但正是由于一连串的几个或更多的短期变动才组成了次级趋势和主要趋势。由于这些短期变动容易导致错误的方向，因此很同意被人操纵。

二、艾略特波浪理论

艾略特波浪理论是最常用的趋势分析工具之一。

波浪理论是技术分析大师拉尔夫 · 纳尔逊 · 艾略特（R.N.Elliott）发明的一种分析工具，与其他追随趋势的技术方法不同，波浪理论可以在趋势确立之时预测趋势何时结束，是现存最好的一种预测工具。

波浪理论的创始人——拉尔夫 · 纳尔逊 · 艾略特（R. N. Elliott）提出社会、人类的行为在某种意义上呈可认知的型态（Patterns）。利用道琼斯工业平均（DowJonesIndustrialAverage，DJIA）作为研究工具，艾略特发现不断变化的股价结构性型态反映了自然和谐之美。根据这一发现他提出了一套相关的市场分析理论，精炼出市场的十三种型态（Pattern）或谓波（Waves），在市场上这些型态重复出现，但是出现的时间间隔及幅度大小并不一定具有再现性。尔后他又发现了这些呈结构性型态之图形可以连接起来形成同样型态的更大的图形。这样提出了一系列权威性的演译法则用来解释市场的行为，并特别强调波动原理的预测价值，这就是久负盛名的艾略特波动理论。

波浪理论是一种具有特殊价值的工具，具体表现在其普遍性及精确性。说它具普遍性，是指我们可在许多有关人类活动的领域中运用到它，且许多时候有令人难以置信的效果；说它具有精确性，是指在确认以及预测走势的变化上，其准确性令人叹为观止。这是其他分析方法所难望其项背的。

3. K线技术分析

什么是K线图?

K线图是用来记录交易市场行情价格的，因其形状如同两端有蕊芯的蜡烛，故而在西方称之为蜡烛图。蜡烛图来源于日本，在日本称之为“罫线”，“罫”发音为“kei”，于是西方人以其英文第一个字母“K”直译为“K线”，K线由此发展而来（中国人习惯性称之为阴阳线）。

如何去识别K线图?

K线根据计算时间的不同，可分为：分钟K线、日K线、周K线、月K线、年K线等。它的形成取决于每一计算单位中的四个基本数据：开盘价、最高价、最低价、收盘价。对于日K线图，外汇市场的开盘价和收盘价都是以纽约外汇市场为准的。北京时间凌晨4：00，纽约外汇市场的最后一笔交易价格就是当天的收盘价，此后的第一笔交易就是第二天的开盘价，可能来自于惠灵顿外汇市场；而在分钟K线图里，开盘价和收盘价则是指60秒钟之内的第一笔交易价格和最后一笔交易价格。

当收盘价高于开盘价时，K线为阳线（一般用红色空心线表示）；当收盘价低于开盘价时，K线为阴线（一般用蓝色实心线表示）；当收盘价等于开盘价，且有新的最高价和最低价时，K线称为十字星。当K线为阳线时，最高价与收盘价之间的细线部分称为上影线，最低价与开盘价之间的细线部分称为下影线，开盘价与收盘价之间的柱状称为实体。见图 1：

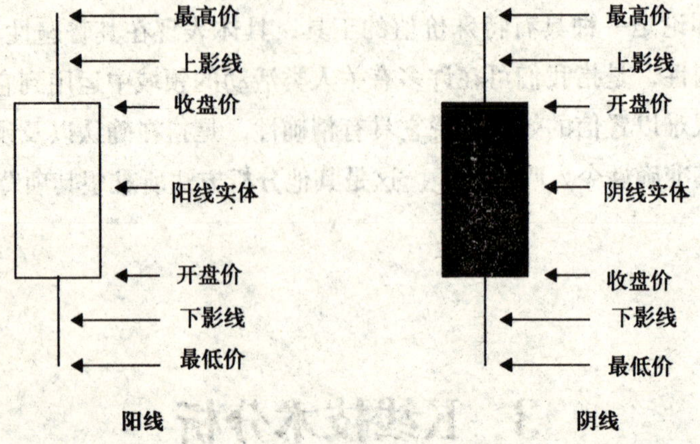

（图1）

上图的“阳线”中，市场价格在开盘后曾向下跌过一段时间，直到最低价处，后来曾经涨到了最高价处，然后又返回到收盘价附近，形成一根上涨的阳线。上图中的“阴线”中，市场价格在开盘后曾一度涨到了最高价处，然后一直跌到了最低价处，最后稍微上升到收盘价附近，形成一根下跌的阴线（这里只是举例，实际的价格变化顺序可能与这里描述的不一致）。

K 线图的意义一般来说，交易者可以从 K 线的形态判断出交易时间内的多、空情况。所谓看“多”，就是看“涨”的意思，所谓看“空”，就是看“跌”的意思。在外汇市场中，“多”、“空”双方就像势均力敌的两支军队，他们总是在寻找机会把对方逼退（而非消灭）。

无数的 K 线组成了一幅连续的 K 线分析图，但每根 K 线都有其自身的含义。见图 2：

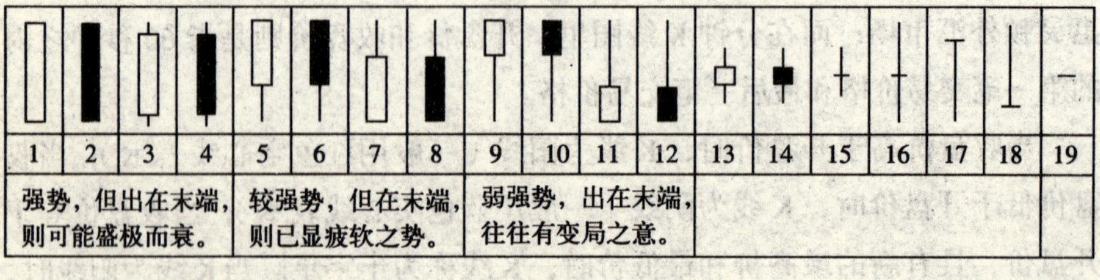

（图2）

1：光头光脚阳线：极端强势上涨，后市看多；

2：光头光脚阴线：极端强势下跌，后市看空；

3：大阳线：强势上涨，后市看多；

4：大阴线：强势下跌，后市看空；

——如果影线较短，1和3或2和4没什么区别。

5：光头阳线：较强势上涨，影线代表空方开始反击了，需要注意；

6：光头阴线：较强势下跌，影线代表多方开始反击了，需要注意；

7：光脚阳线：较强势上涨，影线代表遇到空方反击了，需要注意；

8：光脚阴线：较强势下跌，影线代表遇到多方反击了，需要注意；

——这4者都说明对方曾经反击过，尽管失败了，但要注意：反击开始了。

9、10：出现在连续上涨的顶部，为上吊线，表示曾遇到过剧烈反击，后市有变；

出现在连续下跌的底部，为锤子线，表示曾遇到过剧烈反击，后市有变；

11、12：出现在连续上涨的顶部，为流星线，相比过去，摸高受阻，后市有变；

出现在连续下跌的底部，为倒锤子线，相比过去，曾经大涨，后市有变；

——这4者都有较长的影线，出现在连续运动后，说明对手剧烈反击过，后市有变。

13、14、15：小阳线、小阴线、十字线：一般不能确定后市，但在连续上涨后出现，说明涨势停顿，后市有变；在连续下跌后出现，说明跌势停顿，后市有变；

16：长十字线：和十字线的意义一样，但疲软的性质和僵持的意义更强烈；

17：出现在连续上涨的顶部，为风筝线，相比过去，曾遇到过剧烈反击，后市有变；

出现在连续下跌的底部，为多胜线，相比过去，曾遇到过剧烈反击，后市有变；

18：出现在连续上涨的顶部，为灵位线，相比过去，摸高受阻，后市有变；

出现在连续下跌的底部，为空胜线，相比过去，曾遇到过剧烈反击，后市有变；

——这 6 个都是星形态，说明多、空双方僵持不下，失去了方向感，但在连续涨、跌势的末端，则往往意味着情况不妙了。

19：一字线：开盘价、收盘价、最高价、最低价在同一价位，常出现于分钟图里交易冷清的货币中。

因此，阴线实体越长，越有利于下跌；阳线实体越长，越有利于上涨；但连续强势上涨后，谨防盛极而衰；连续强势下跌后，可能否极泰来；如果影线相对于实体来说非常小，则可以等同于没有；指向一个方向的影线越长，越不利于市场价格今后向这个方向变动；上下的影线同时长，则说明多、空双方争夺剧烈，最后持平，后市不确定；十字星的出现往往是过渡信号而不是反转信号，它代表市场暂时失去方向感，稳健的操作方式是继续观察一个交易日。

对于 K 线的何为大、何为小、多长为长、多长为短的度量问题，没有标准的答案。在不同的外汇产品上，比如英镑和日元等，这些度量标准都是不一样的。"入乡随俗，因地而宜"，随着我们识别经验的积累，这些感性的主观识别就会形成个人经验，为我们提供出、入市的凭据。

4．黄金比率的运用技巧

黄金比率是指一连串神奇数字的组合，是技术分析中纯以数字运算的一种分析工具。黄金比率是由十三世纪末出生的意大利著名数学家 LeonardoFibonacci 发现的，比率由一组神奇的数字计算而成。这组数字是 1、1、2、3、5、8、13、21、34、55、89、144、233、377、610、987、1597……这组数字，便是数学上著名的"斐波那契数列"。

透过黄金比率可以测试未来股市的上升目标或下跌目标，预测升市中的调整幅度，以及跌市中的反弹幅度等。黄金比率包括最常见的 0.236 倍比率、0.382 倍比率、0.5 倍比率、0.618 倍比率、0.764 倍比率、1.382 倍比率、1.618 倍比率、2 倍及 2.618 倍比率等。由于黄金比率测市功效显著，准确性奇高。

因此，得到市场人士的广泛使用。

一般来说，在调整市中，黄金比率0.382倍、0.5倍及0.618倍被视为调整时之三级支持，支持力随向下调整的深度而逐级递增，即币况由高位回吐至0.382倍水平已有初步支持。若该位失守，市况将进一步下试0.5倍水平，此时支持力将明显较0.382倍之支持力为大。失守0.5倍则要到0.618倍水平才有支持，而该位的支持力将较前两级之支持更大。市况若企稳该水平以上，后市基调仍然向好。

此外，另两个比率0.236倍及0.764倍则较为少用，其中前者主要在大型上升目的中段出现，期间市况只作短暂回吐即获支持再上。而0.764倍比率则相对重要得多，主要是该比率对中期走势有重要指标作用。技术上，市况在中期升浪中只要调整不低于0.764倍，反复向上格局不变，否则升势将被打回原形，跌回升浪之起步点。而且有出现转势的危机，原有升势可能结束，或转为一上落市。

至于反弹市方面，与调整市刚好相反，0.382倍、0.5倍及0.618倍比率被视为反弹时之三级阻力，阻力随向上反弹幅度而逐级递增，即股价由低位反弹上0.382倍附近已有初步阻力。

通常在突破0.382倍阻力后可望上试0.5倍水平，但该水平的阻力亦逐渐加大。若再向上突破，股价将进一步上试0.618倍强大阻力。后市若无法向上突破，走势仍是反复向下。

量度上升或下跌水平是黄金比率中一个最重要部分，原因是这些比率可以粗略评估或测试市况向上或向下突破后的上升或下跌目标，上升阻力及下跌支持等。最常见的比率包括1.382倍、1.618倍，2倍及2.618倍，即是说，当市况向上或向下突破后，市况将会朝着第一个上升或下跌目标1.382倍水平推进，若能进一步突破该水平，市况将再试1.618倍第二个目标……如此类推。而上升或下跌的阻力或支持将逐级增加。

黄金比率测市准确性相当高，无论在测试上升水平或下跌水平，调整市或反弹市幅度，偏差幅度相当有限。因此，对预测后市走势有非常高的参考价值。

同时，黄金比率还可以用于波段幅度的计算。在波浪理论中，每一个波浪之间的比例，包括波动幅度与时间长度的比较，均符合黄金比率n。对于技术分析者来说，这是一个相当重要的参考依据。

黄金比率的分析，通常有下列关系：

（1）第 3 浪波动的幅度，为第 1 浪起涨点至第 1 浪最高点间隔度的某黄金比率数字，包括 0.382、0.500、0.618、1.000 与 1.618 等。

（2）第 2 浪的调整幅度，约为第 1 浪涨幅的 0.382、0.500、与 0.618 倍的幅度。

（3）在调整浪中，C 浪与 a 浪之间的比例，也与黄金比率数字相吻合。通常 C 浪长度为 a 浪 1.618 倍，尤其在延伸型的平坦调整浪中更是如此。在某些状况下，C 浪的底部低点经常低于 a 点之下，为 a 浪长度的 0.618 倍。

（4）第 1 浪至第 5 浪的完整波浪幅度，其极限约为第 1 浪涨幅的 3.236 倍。

（5）在倾斜三角形中的震荡走势中，每一浪长度为前一浪的 0.618 倍。

（6）第 5 浪的涨幅，也有可能为第 1 浪至第 3 浪全部涨幅的 1.618 倍。

黄金比率不仅大量运用在工业品、日用品和工艺美术的设计中，而且在实际生活中应用得也非常广泛。例如：建筑物中的许多线段、主持人站在舞台长度的黄金分割点的位置、植物界嫩枝上的叶子排列等等。另外，在进行科学实验时，常常也使用黄金比率，用黄金比率合理地选择试验的次数，不仅提高了工作的效率，而且达到事半功倍的效果。正因为黄金比率在各方面的广泛而重要的应用，所以人们一直珍称它为“黄金比率”。

5. 正确识别“假突破”

我们通过一个案例来分析一种真突破的走势。

600307 酒钢宏兴。大家可以把该股 × 年 5 月 29 日和 6 月 22 日高点连线，该两点形成的连线是该股的压力线，7 月 30 日触摸该压力线后便出现回落。8 月 7 日，该股却以 9.58% 换手突破该压力线，这时的突破是真是假？

判断的依据来自两方面：第一，所属板块的动向；第二，突破后量能变化。

作为钢铁板块来讲，当时正是潜在的热点，明显有大资金流入；从K线来看，8月8日至10日三天回落，量能是萎缩的，且回落点正是前压力线的上方，也就是该压力线形成有效支撑线。8月13日的阳线再次暴露主力的真实意图——拉升。大家应该看得到，13日该股的换手率是8.37%，相对7日来讲是缩小的，此时正是买入时机。

主力做盘惟一留下的K线显露的痕迹，这点大家要从区间、K线组合、压力线、量能等几方面来判断，主力可以骗线，但不能骗的是自己的真实意图，做股就是要用K线来分析，细致得具体到量化的东西，不要看一眼个股几天的K线，感觉不错就盲目买进。

但我们发现实际价格变动中，突破存在着真突破与假突破两种，而且突破中假突破的次数甚至超过了真突破的次数，那么投资者如何辨认突破的真假，并且选择好正确的突破并介入交易呢？

（1）观察持仓量的变化

市场在运行的过程中，因波动而产生的突破现象层出不穷，无论是向上突破还是向下突破，总会伴随着新增资金的介入或旧有资金的退出所带来的持仓量的变化。只有突破形成时，出现成交量和持仓量同步增加的迹象，这种突破才具有实际性的意义。

（2）观察价格涨幅的变化

当价格突破支撑和阻力后，会出现不同程度的涨幅和跌幅，但这种涨跌幅度在之后的一段时间内并没有突破之前的界限，而是在进行这种短暂的上涨或下跌之后又开始迅速反转。很多投资者一看到价格有突破就立即进行买入或卖出的操作，却没有料想到市场的这种价格波动只是一种"假突破"现象，因此而遭受了损失。

（3）观察期价与均线系统的关系

均线反映价格的运行趋势，因此当价格出现突破时，一般均线也会随着价格的突破方向运行。换句话说，均线的运行方向应该和价格呈现突破后运行的方向是一致的，这样所形成的突破才是最有效的。如果两者的运行方向出现背离，真正的突破可能就无法实现。

虚假突破法市场特征：

（1）从日K线图看，自底部算起，股价累计涨幅一般已相当大，通常具有80%左右的获利幅度；

（2）庄家既已把股价拉高，且筹码又没脱手，就会形成一个高位平台，然后边护盘边出货；

（3）经过一段时间的横盘，当该股的庄家已卖出大部分筹码后，一般会再次快速拉抬令股价创出新高，假造再次突破之势；

（4）当股价再次向上突破并创新高时，跟风盘不请自到；

（5）主力庄家看到这种情况，就会利用市场良好气氛进行派发；

（6）派发时一般是大手笔出货，小手笔拉抬。虽然出货的价格并非在最高位，但足以实现预定目标了；

（7）出货完毕后，该股会阴跌不止，毫无支撑；

（8）这类个股的最大特点是：往上突破时，阳线实体短，通常有上影线，换手率大得惊人，放量最大的3天一般超过30%。

6．影响黄金价格变动的因素

20世纪70年代以前，黄金价格基本由各国政府或中央银行决定，国际上黄金价格比较稳定。70年代初期，黄金价格不再与美元直接挂钩，黄金价格逐渐市场化，影响黄金价格变动的因素日益增多。

黄金作为金融产品和实物产品，有着货币黄金和非货币黄金之分。因此，影响黄金价格的因素很多，不仅仅是市场经济的作用，还有国家汇率及股票指数的影响，同时还受黄金产量和其他金属价格的制约。

作为一个具有投资原则的投资者，就应该尽可能地了解任何影响黄金供给的因素，从而进一步明了其他投资者的动态，对黄金价格的走势进行预测，以达到合理进行投资的目的。

具体来说，主要可以分为以下几个方面：

供给因素：

（1）地上的黄金存量与开发成本

全球目前大约存有13.74万吨黄金，而地上黄金的存量每年还在大约以2%的速度增长，开采规模大幅扩大。2005年间，黄金矿山企业的开采成本大约控制在45元/克左右，2007年达到72元/克。根据不完全数据统计，自进入2009年后，山东招金集团有限公司下属10余家矿山企业，开采矿石的成本已经累计增加到了90元/克，也既是说，黄金开采成本每隔两年就有近期25元/克的上升空间。

（2）黄金生产国的政治、军事和经济的变动状况

在这些国家的任何政治、军事动荡无疑会直接影响该国生产的黄金数量，进而影响世界黄金供给。地缘政治、恐怖主义袭击和全球经济下滑，对各国国民经济命脉有着中期内的冲击，对异国的货币政策与稳定有着较强的影响，这些促使了那些相对较弱小的黄金生产国增大本国的黄金开采力度，来应对通货膨胀和维护本国货币的稳定。

（3）央行的黄金抛售

中央银行是世界上黄金的最大持有者，1969年官方黄金储备为36458吨，占当时全部地表黄金存量的42.6%，而到了1998年官方黄金储备大约为34000吨，占已开采的全部黄金存量的24.1%。

按目前生产能力计算，这相当于13年的世界黄金矿产量。由于黄金的主要用途由重要储备资产逐渐转变为生产珠宝的金属原料，或者为改善本国国际收支，或为抑制国际金价，因此，30年间中央银行的黄金储备无论在绝对数量上和相对数量上都有很大的下降，数量的下降主要靠在黄金市场上抛售库存储备黄金。

需求因素：

（1）黄金实际需求量的变化

一般来说，世界经济的发展速度决定了黄金的总需求，例如在微电子领域，越来越多地采用黄金作为保护层；在医学以及建筑装饰等领域，尽管科技的进步使得黄金替代品不断出现，但黄金以其特殊的金属性质使其需求量仍呈上升趋势。

某些地区因局部因素对黄金需求产生重大影响。如一向对黄金饰品大量需求的印度和东南亚各国因受金融危机的影响，从1997年以来黄金进口大大减少。泰国、印尼、马来西亚及韩国的黄金需求量分别下跌了71%、28%、10%和9%。

（2）保值的需要

黄金储备一向被央行用作防范国内通胀、调节市场的重要手段。而对于普通投资者，投资黄金主要是在通货膨胀情况下，达到保值的目的。在经济不景气的态势下，由于黄金相对于货币资产保险，导致对黄金的需求上升，金价上涨。例如：在二战后的三次美元危机中，由于美国的国际收支逆差趋势严重，各国持有的美元大量增加，市场对美元币值的信心动摇，投资者大量抢购黄金，直接导致布雷顿森林体系破产。1987年因为美元贬值，美国赤字增加，中东形势不稳等也都促使国际金价大幅上升。

（3）投机性需求

投机者根据国际国内形势，利用黄金市场上的金价波动，加上黄金期货市场的交易体制，大量“沽空”或“补进”黄金，人为地制造黄金需求假象。在黄金市场上，几乎每次大的下跌都与对冲基金公司借入短期黄金在即期黄金市场抛售和在COMEX期金交易所构筑大量的空仓有关。

当全球金融危机恶化，而且伴随着产量越来越少，金价必定会再度受追捧从而攀至新一轮高峰。也就是说通过5年、10年或更长时间的推移，最终起到关键性作用的就是全球黄金储存量。全球经济局势的好转，并不能过分转移投资者对黄金的关注程度，也不能代表未来金价会再度回首。所以，大家不仅要从局部到整体、微观到宏观、理念与观念转变，更要学会怎样去认识黄金，了解它存在的意义，关键时刻的作用，从而清楚地认识到未来黄金发展的方向，在变幻莫测的国际经济局势中更好的生存。

7. 警惕地下黄金交易

张先生就是被境外炒金公司拉下水的受害者。

“2008年金市再起。炒黄金双向操作，涨或跌都有机会获利，是抵御通货膨胀之首选投资品种。可以分 1/10 至 1/5 仓资金炒金，作避险和组合用，稳健操作，月收益 10% 以上，适合中小型投资者。”上述广告来自广州某投资管理公司，其前面冠以了英国头衔。

从网页介绍看，该公司做的是伦敦金，24 小时有行情的，有意参与者可先去网站上下载行情分析软件和交易软件。

张先生联系了其在线客服，客服小姐让其从公司网站先后下载了行情分析软件和交易软件，并获取了一个模拟账号。客服称：“我们有模拟操作软件，你可以先模拟操作一下。把模拟弄会了，你可以开户做一下。真实交易的操作其实也就这样。”

在模拟界面中，张先生拥有 1 万美元的虚拟资金，可交易的品种是以美元计价的国际现货黄金。该公司规定最小可以交易 0.1 手，也就是 10 盎司。目前一个标准的单子就是 1 手，等于 100 盎司，需要占用的美金就是 1000 美金。客服还提醒，伦敦金采用的最大杠杆是 1 比 100，一开始的时候可以用少一点的资金来做。

随后，客服让张先生去银行换美元开户。张先生称，当时客服告诉他公司最低的投资门槛是 5000 美元，他可以去银行换一下。公司代理的是英国 ANG 公司的平台。他如果想炒金，炒金公司就给他寄个合同，开个户。然后张先生再到银行开个户，办一张外币卡，把资金换成美金，打到 ANG 公司在香港的账户上面，然后就可以交易了。

客服还表示，张先生要是不做了，随时可以返还本金，公司方面不会收取客户什么费用，只收取佣金。

而佣金就是做一单，点差 0.5，手续费 0.5. 即做一手 100 盎司的交易，下了一张单的保证金是 1000 美元。只要一进去，点差就是 0.5，50 美元；另外手续费是 50 美元，加在一起就是 100 美元。即张先生赚到一个点的时候刚好可以保本，超过一个点之后才是盈利的部分。“但后来张先生的 50 万美元不到半年就亏完。”

上海中期期货公司网络交易部经理沈剑云介绍，从公开案例看，这些地下炒金公司并不是各国黄金交易所的会员。不少地下炒金公司收到客户的汇款后，立即将其“收编”为公司的自有资金。然后利用网络技术手段让投资者的钱打水漂。这些炒金公司开设网上交易系统，所有客户的买卖单全部在炒金公司的主机里成交，根本没有被提交给市场，而是自行处理掉。

客户进行的一切“交易”均为虚假，无论盈利还是亏损，都只体现在炒金公司自行设计的软件系统中。客户若想提走资金，必须先填写申请单。如果金额较少，公司一般会同意；但真赚了大钱想走人，公司往往会层层设卡。炒金公司除提取佣金外，还与客户资金进行对赌，客户的亏损就是公司的盈利。如果交易一旦不利于公司，公司就会在交易系统上做手脚，修改参数，投资者的网上交易系统死机、单子无法成交，导致亏损。投资者注定所有的钱将会打水漂。

面对高利率杠杆诱惑不懂行盲目入市埋风险。

据一些地下炒金机构的客服透露，目前期货黄金采用的是保证金交易的形式，一般投资者很难负担得起。地下炒金有 1 ∶ 100 的杠杆率，投资者一手交易的保证金只要 1000 美元，杠杆比例甚至超过一百倍，投入很少的钱，就可以进行超过一百倍投资本金的交易，这种比例吸引了很多想要一夜暴富的投资者。投资者在黄金投资领域的知识较为缺乏，也并不了解国际上通行的监管法律法规，一旦将资金打入“黑平台”的个人或机构账户将得不到任何保证和法律保护。此外，一些地下炒金公司还利用“延迟客户交易成交”“滑点”“提供误导信息”等手段引发客户交易亏损以到达非法占有客户资金的目的。投资者防范此类投资陷阱的要点有以下三点：

（1）要详细调查该公司的资质情况，不要被销售人员的言辞蛊惑，如是香港贸易场的会员在贸易场的网站上会公布该公司的详细介绍和入金汇款地址，投资者应严格核对销售人员提供的汇款账号是否与其相符。

（2）对于提供人民币入金的交易商要提高警惕，在国际惯例中一般只接受美元、欧元、英镑、港元等入金方式。

（3）客观评估自身风险承受能力，我国金融市场开发较晚，投资者普遍不具备成熟的投资理念和丰富的投资经验，因此，对于高杠杆交易品种应事先理性评估自身情况后慎重选择。

8. 黄金投资风险管控

风险是一种客观存在的、不可避免的，并在一定条件下还有某些规律性。因此，只能试图将风险减小到最低的程度，而不可能完全避免或消除。降低风险的最有效方法就是要意识到并认可风险的存在，积极地去面对、去寻找，才能够有效地控制风险，将风险降低到最小的程度。

而风险管理，就是作为一个经济单位对风险进行识别、衡量分析，并在此基础上有效地处置和规避风险，降低由风险带来的损失。

随着近年来国际金价的剧烈振荡，国内黄金投资者赚少亏多的现象越发明显，有数据显示近八成散户投资者在黄金期货交易中亏损。经过此次经历人们开始意识到黄金市场也存在着风险，在黄金投资中，从行情分析到投资决策，从资金管理到账户安全，风险几乎存在于黄金投资的每个环节。

因此，在投资者进行黄金投资时，在对市场风险的分类以及特点有所了解的前提下，对投资行为进行风险管理，这将成为决定黄金投资最终成败的关键所在。

首先介绍一下黄金投资市场的风险特征。

一、投资风险的广泛性

在黄金投资市场中，从投资研究、行情分析、投资方案、投资决策、风险控制、资金管理、账户安全、不可抗拒因素导致的风险等等，几乎存在于黄金投资的各个环节，因此具有广泛性。

（1）投资风险存在的客观性

投资风险的客观性不会因为投资者的主观意愿而消逝。投资风险是由不确定的因素作用而形成的，而这些不确定因素是客观存在的，单独投资者不控制所有投资环节，更无法预期到未来影响黄金价格因素的变化，因此投资风险客观存在。

(2) 投资风险的影响性

进入投资市场一定要有投资风险的意识。因为在投资市场之中，收益和风险是始终是并存的。但多数人首先是从一种负面的角度来考虑风险，甚至认为有风险就会发生亏损。正是由于风险具有消极的、负面的不确定因素，致使许多人不敢正视，无法客观地看待和面对投资市场，所以举足不前。

(3) 投资风险具有一定的可预见性

黄金价格波动受其他因素影响，如：原油和美元的走势、地缘政治因素的变化等等，都将影响黄金价格的波动，对于这些因素的分析对于黄金投资的操作而言具有一定的可预见性。客观、理性的分析将会为投资操作提供一定的指引作用。

那么，接下来向大家介绍一些具体的风险管理的方法。

二、根据资金状况定制合理的操作计划和方案

在操作之前根据资金量大小合理地订制资金运作的比例，为失误操作造成的损失留下回旋的空间和机会。

(1) 根据时间条件定制适宜的操作风格

每个投资者拥有的操作时间是不同的。如果有足够的时间盯盘，并且具有一定的技术分析功底，可以通过短线操作获得更多的收益机会；如果只是有很少的时间关注盘面，不适宜作短线的操作。则需要慎重寻找一个比较可靠的并且趋势较长的介入点中长线持有，累计获利较大时再予以出局套现。

(2) 树立良好的投资心态

做任何事情都必须拥有一个良好的心态，投资也不例外。心态平和时，思路往往比较清晰，面对行情的波动能够客观的看待和分析，才能够理性操作。

(3) 建立操作纪律并严格执行

行情每时每刻都在发生变化，涨跌起伏的行情会使投资者存在侥幸和贪婪的心理，如果没有建立操作的纪律，账面盈亏只能随着行情变化而波动，没有及时地止赢结算就没有形成实际的结果。起初的获利也有转变为亏损的可能，会导致操作心态紊乱，影响客观理想的分析思维，最终步步退败。所以制定操作纪律并严格执行非常重要。

第九章
其他品种贵金属投资攻略

CHAPTER9

黄金作为主要的投资市场有其必然的优势，而其他领域，如：白银、铂金、钯金等领域的投资同样有其独特的特点，将投资眼光放在这些领域内，也是一种不错的选择。本章就向大家介绍一些白银、铂金、钯金的一些基本知识以及这些领域的投资技巧，为广大的投资者提供更多的投资空间。

1. 白银的历史与需求

在古代，人类就对银就有了认识。银和黄金一样，是一种应用历史悠久的贵金属，至今已有4000多年的历史。由于银所独有的优良特性，人们曾赋予它货币和装饰双重价值。

银，永远闪耀着月亮般的光辉，银的原意，也就是“明亮”的意思。我国也常用银字来形容白而有光泽的东西，如银河、银杏、银鱼、银耳、银幕等。

我国古代常把银与金铜并列，称为“唯金三品”。《禹贡》一书便记载着“唯金三品”，可见我国早在公元前二十三世纪，即距今四千多年前便发现了银。在大自然中，银常以纯银的形式存在，人们便曾找到一块重达13.5吨的纯银！另外，也有以氯化物与硫化物的形式存在，常同铅、铜、锑、砷等矿石共生在一起。

银比金活泼，虽然它在地壳中的丰度大约是黄金的15倍，但它很少以单质状态存在，因而它的发现要比金晚。在古代，人们就已经知道开采银矿，由于当时人们取得的银的量很小，使得它的价值比金还贵。公元前1780至1580年间，埃及王朝的法典规定，银的价值为金的2倍，甚至到了17世纪，日本金、银的价值还是相等的。银最早用来做装饰品和餐具，后来才作为货币。

白银在世界上的历史

人类使用白银的历史可以追溯到公元前3000年。公元前700年，美索不达米亚的商人们开始用白银作为交换形式。后来，其他先民开始认识到白银作为交易金的内在价值。

古希腊人铸造了德拉马克（drachma）银币，含银量为1/8盎司。在罗马，基本的钱币为迪纳里厄斯（denarius）银币，重1/7盎司。英国的先令货币最初也是表示一定数量的白银。

白银在我国的发展历史

中国先民对白银的认识和利用有着悠久的历史，白银很早就被制作成工艺品和货币。中国古代把白银用作货币大量使用，是在唐宋以后的事。

到了元代，银本位制得到进一步强化，政府把白银作为一种重要货币，银锭‘元宝”出现。到明清，银本位制不断巩固加强，银币在明朝成为正式货币，元宝、碎银和银元成为清朝法定货币，白银在明清王朝的经济发展中的作用至关重要。一直到1935年中国国民政府宣布发行法币、取消银本位，白银作为货币的使用才受到限制，但银元在民间一直流通到1949年。

明朝：明代初期，由于禁止商人及金银铜锡出海，国内使用铜钱，禁止私铸极严，对银矿并不重视。永乐晚年，锐意通四夷，奉使使用中贵宦官，出始西洋有郑和、景弘，西域有李达，是北有海童，西番有侯显。朝廷为了应付开支，开始重视开采银矿。先后遣官开采陕西、福建等地的矿产，设立葛容溪银场局，云南大理银冶。宣德以后，金银开采时停时续，民采、官采及所谓“奸民”私采，不断发生纠纷，政府军与“盗矿者’常发生武力战斗。

清代货币制度基本沿袭明代，使用铜钱和银两，短时期局部使用过户部和大清宝钞。

一般大额交易使用银，小额及零星交易使用铜钱。因社会经济的发展，使用白银更为普遍，白银的地位显得更加重要。清中期以后，市场上通行使用白银铸币，向外国购买机器铸造银元，与当时流行的西班牙、墨西哥银元以及其他外国银洋，以及新铸的同源并行流通。

民国：北洋政府时期，国币流通日广，各种旧银元并没有完全退出市场流通，通商贸易仍以银两为标准，银元要折合成银两算。

然而，银本位制的确立也有一定的不足。由于大量的白银被用作币材，原本白银产量不丰的中国更显出白银短缺，白银不得不依赖进口，因此，世界银市的波动直接影响到中国货币币值的稳定，进而影响到中国社会经济的各个方面。

世界白银的实物消费主要来自工业制造领域、摄影业、珠宝首饰、银器和铸币印章。传统白银消费领域摄影业因数码技术的发展对白银的需求呈下降趋势，但仍占有一定比重；工业领域和珠宝首饰业对白银的消费在经济增长的带动下总体呈现增长态势，工业需求受经济波动周期影响较大。全球摄影业用银量继续下降，由于传统卤化银工艺逐步被数码技术所取代，摄影业用银预计将继续保持下降趋势。

2010年全球珠宝首饰白银需求总体下降2.2%。其中美国欧洲等发达国家需求下降明显，而新兴经济体中如中国、印度等国家白银需求增长。

全球白银贸易主要发生在美国、英国、日本、印度、意大利、中国香港和中国大陆等国家和地区。目前全球白银的贸易与交易两大中心是英国伦敦和美国纽约，伦敦金银协会（LBMA）是全球最大的白银现货交易市场；芝加哥交易所集团（CMEGROUP）的COMEX分部则是全球最有影响力的交易白银的期货交易所。

由于欧洲国家矿产银和再生银产量较小，欧洲国家如意大利等白银珠宝首饰业发达，每年消费大量白银，因此欧洲成为世界最主要的白银进口地区之一，LBMA等市场的存在促使该地区白银流通贸易频繁。目前中国是全球最大的白银生产国，多年来中国是世界最主要的白银出口国之一。

2. 白银价格及其影响因素

近年来，随着白银价格的上涨，白银投资成为继股票和黄金之后一种新的投资品种。白银投资与其他投资相比有着无可比拟的投资优势。

白银价格的变动，绝大部分原因是受到白银本身供求关系的影响。因此，作为一个具有自己投资原则的投资者，就应该尽可能地了解任何影响白银供给的因素，从而进一步明了其他投资者的动态，对白银价格的走势进行预测，以达到合理进行投资的目的。

（1）白银的供求关系

供求关系是影响白银价格的根本因素。通常供大于求，价格下跌；供不应求，价格上升。价格波动反过来又会影响供求，即当价格上涨时，供应将增加而需求减少；反之需求上升供给减少。新矿藏的发现与开采、新技术的应用、生产企业检修以及罢工、进出口政策等都将影响产量和供应；白银应用领域发展趋势、白银投资偏好变化等都将影响白银的需求。

（2）国际国内的政治经济形势

白银是重要的工业原材料，又可作为避险资产，其需求量与经济形势、政治局势密切相关。经济增长时，白银需求增长从而带动银价上涨；经济萧条时，白银需求萎缩从而促使银价下跌。近年来，各国为应对金融危机纷纷出台了宽松的货币政策和积极的财政政策，向市场注入巨大的流动性，白银作为抵御通胀的资产之一，在投资需求的推动下价格持续上涨。当货币宽松政策结束时，白银价格则出现了较大幅度的下跌。

当前欧元区主权债务危机尚未得到有效解决、新兴经济体普遍面临较高通胀压力、日本地震和海啸引发的核泄漏事故、以及西亚北非地区局势动荡等给全球经济增添了诸多不确定性，这些变数都将对白银价格产生直接或间接的影响。

（3）通过膨胀

一个国家货币的购买能力，是基于物价指数而决定的。当一国的物价稳定时，其货币的购买能力就越稳定。相反，通货率越高，货币的购买力就越弱，这种货币就越缺乏吸引力。如果美国和世界主要地区的物价指数保持平稳，持有现金也不会贬值，又有利息收入，必然成为投资者的首选。

相反，如果通胀剧烈，持有现金根本没有保障，收取利息也赶不上物价的暴升。人们就会采购黄金白银，因为此时黄金白银的理论价格会随着通胀而上升。西方主要国家的通胀越高，以黄金白银作保值的要求也就越大，世界金银价格也会越高。其中，美国的通胀率最容易左右黄金白银的变动。而一些较小国家，如智力、乌拉圭等，每年的通胀最高能达到400倍，却对金银价毫无影响。

（4）世界金融危机

当美国等西方大国的金融体系出现了不稳定的现象时，从而引起世界金融危机，世界资金便会投向黄金白银，黄金白银需求增加，金银价格就会上涨。黄金白银在这时就发挥了资金避难所的功能。只有在金融体系稳定的情况下，投资人士对黄金白银的信心就会大打折扣，使得黄金白银的价格下跌。

（5）世界主要货币汇率以及黄金的价格走势

国际上白银交易一般都以美元计价，而目前几种主要货币均实行浮动汇率制。根据经验，美元对主要货币汇率的变化将导致白银价格短期内的一些波动，但不会改变白银市场的大趋势。

白银和黄金在历史上都曾作为货币使用，二者有着相似的金融属性，因此出现白银价格与黄金价格在一定程度上具有正相关性，但这只是趋势上的一致。短期看，白银价格与黄金价格的正相关性并不十分突出，通常白银价格波动较黄金价格波动剧烈。

（6）基金投资方向

随着基金参与商品期货交易程度的大幅提高，基金在白银价格波动中起到了推波助澜的作用。基金具有信息以及技术上的优势，因此它们在一定程度上具有先知先觉性与前瞻性。白银 ETF 基金（ExchangeTradedFund）近几年规模迅速扩大，持仓量较高，该基金与其他基金的交易方向成为影响白银价格波动因素之一。分析基金净寸头变化，有助于判断白银价格走势。

3. 国际主要白银交易市场

国际市场上，白银几乎是全球日常波动最剧烈的商品之一。因为白银在西方世界同样具备很深的渊源，从“只受制于白银和大蒜的吸血鬼”传说到耶稣最后的晚餐中的银制餐具，白银在西方宗教世界中就是神圣和纯洁的代名词。这些都是白银具备剧烈波动的群众基础，因为大家都对它投以关注的目光和心灵深处的触及欲望。

国际白银市场可根据其性质、作用、交易类型和交易方式、交易管制程度和交割形式等作不同的分类。

（1）按其性质和对整个世界白银交易的影响程度，可分为主导性市场和区域性市场

A. 主导性市场。是指其价格的形成及交易量的变化对其他黄金市场起主导性作用的市场。这类市场主要有伦敦、纽约、苏黎世、芝加哥、香港等。

B. 区域性市场。主要指交易规模有限，且大多集中在本地区并对整个世界市场影响不很大的市场。这类市场主要有巴黎、法兰克福、布鲁塞尔、卢森堡、新加坡、东京等。

（2）按交易类型和交易方式的不同，可分为现货交易和期货交易

所谓现货交易，是指交易双方成交后两个营业日内交割的一种交易方式。

所谓期货交易是指交易双方按签订的合约在未来的某一时间交割的一种交易方式。在同业间通过电话联系进行交易的欧洲型市场，如伦敦、苏黎世等是以现货交易为主；设有具体交易场所的美国型市场，如纽约、芝加哥、香港等，是以期货交易为主。

由于白银交易及其类型上的差异，白银市场又呈现着国际化的趋势，因而世界上就出现了两大白银集团：一个是伦敦—苏黎世集团，另一个是纽约—香港集团（包括芝加哥）。这两大集团之间的合作十分密切，共同操纵着世界白银市场。其中伦敦白银市场的作用尤为突出，至今该市场的白银交易和报价仍然是反映世界白银市场的一个“晴雨表”。

（3）按对白银交易管理程度的不同，可分为自由交易市场和限制交易市场

A. 自由交易市场。是指白银可以自由输出入，居民和非居民均可自由买卖的白银市场，如苏黎世。

B. 限制交易市场。又可分为两种情况：一种是黄金的输出入一般要受管制，只准非居民自由买卖，而不准居民进行自由交易的白银市场，如1979年10月英国撤消的全部外汇管制前的伦敦市场；另一种是对白银的输出入实行管制，只准许居民自由买卖的国内白银市场，如巴黎市场。但这并不意味着它同国际白银市场没有联系，事实上白银也可以流入，且在白银的交易价格上是相互影响的。

芝加哥商业交易所集团（CME）

目前白银期货已在芝加哥商业交易所集团（CME）、东京工业品交易所（TOCOM）、印度大宗商品交易所（MCX）等多家交易所上市，其中CME的COMEX白银合约成交规模最大，影响力最强。由于近年白银价格波动剧烈，白银期货交易量大幅增长，2010年COMEX白银合约成交1283万手，合199.5万吨，同比增长60.52%。2011年共成交1961万手，合304.9万吨，较2010年同比增长52.87%。

印度MCX交易所

印度大宗商品交易所（MCX）于2003年11月在孟买成立。至今为止，MCX已占有印度商品期货市场超过80%的份额。印度MCX交易所推出三种白银期货合约，分别是1千克的微型（Micro）白银期货合约、5千克的迷你（Mini）白银期货合约和30千克的白银期货合约。2011年，印度MCX的1千克白银期货合约成交4686.54万手，合4.69万吨，按交易量（手）排名全球白银期货第一。5千克白银期货合约成交4680.43万手，合23.4万吨，30千克白银期货合约成交2443.45万手，合73.3万吨，按成交量（手）排名，分别位居第二、第三位。

伦敦金银协会（LBMA）

伦敦金银协会（LBMA：LondonBullionMarketAssociation）是一家总部位于英国伦敦市、负责黄金（1396.10，-15.80，-1.12%）白银现货交易的全球金银行业同业公会。LBMA同时为该协会会员和参与伦敦金银交易市场参与者提供服务的贸易行业中介机构。英国伦敦现在是全球最大的金银场外交易市场，LBMA的核心客户及其会员包括世界各国央行、黄金白银生产商、精炼商、金银加工企业和贸易企业等等。

上海黄金交易所（SGE）

上海黄金交易所是国内主要白银现货交易市场，白银交易品种有Ag99.9、Ag99.99现货实盘交易和Ag（T+D）现货保证金交易。

近几年白银交易逐渐活跃，2010年上海黄金交易所Ag（T+D）共成交7355.1万手（约合7.4万吨），成交金额约3860亿元，同比分别增长353%、559%。2011年成交更加活跃，全年共成交量24580.581万手（约合24.6万吨），成交金额19296亿元，成交量、成交金额分别已经达到2010年全年的3倍和5倍左右。

4. 现货白银主要风险

风险是一种客观存在的，并在一定条件下带有某些规律性。做什么都是有风险的，白银投资也不例外。那么在现货白银的投资领域，都有什么样的风险需要我们格外注意呢?

（1）政策风险

国家法律、法规、政策以及规章的变化，紧急措施的出台，相关监管部门监管措施的实施，交易中心交易规则的修改等原因，都可能会对投资者的白银投资产生影响，因此投资者必须承担由此导致的损失。

（2）价格波动的影响

白银作为一种特殊的具有投资价值的商品，其价格受到多种因素的影响（如国际经济形势、美元汇率、相关市场走势、政治局势、原油价格等），这些因素对白银价格的影响机制非常复杂，投资者在实际操作中难以全面把握，因而存在出现投资失误的可能性，如果不能够有效地控制风险，则可能遭受较大的损失。

（3）平台风险

是否选择合法合规的交易所是安全投资的前提。当前国内地下炒金炒银现象非常盛行，这类投资是国内法律不认可的，因此没有保障，国内也有一些山寨交易所，比如被查处的湖南维财贵金属。选择错的投资平台，意味着就开始投资噩梦之旅，结果基本都是血本无归，无论你的投资技术多高。

（4）假日风险

目前贵金属定价权在国外，国内白银价格基本都是围绕国外价格波动。国内节假日时候，国内贵金属交易所基本上都是休市的，而国外白银市场则继续交易，一旦国内假日期间，白银价格出现大幅波动，那么假日后开盘，国内白银将会面临大涨大跌，这样很多假日持仓的投资者就会面临爆仓的风险。

面对如此投资风险，我们只能试图减小风险的程度，而不能够完全避免或是消除风险。这就需要我们拥有良好的心态去面对白银市场的风险，并用最好的方法去降低风险。

（1）面对不可改变的投资风险，投资者要坦然面对，不能以消极的态度面对一定时间内的跌或是以乐观的心态面对一定时间内的涨。因为风险因素市场存在，不能太过于放松警惕，而一旦出现判断失误，也要坦然面对，并做出对失误的补救。

（2）投资风险具有一定的可预见性，因为白银的价格波动会受到其他因素的影响，如：原油和美元的走势，地缘政治因素的变化等，这些都会影响着白银价格的波动，对于这些因素的分析对于白银投资的操作而言具有一定的可预见性。客观、理性的分析将会为投资操作提供一定的指导作用。

（3）投资风险的可变性是很强的，由于影响白银价格的因素在时常发生变化，对投资者的资金造成盈利或是亏损，并且有可能出现盈利和亏损的反复变化。因此，投资者风险会根据客户资金的盈利增大减小，但这种风险不会完全消失。

（4）顺“势”者“昌”，逆“势”者“亡”。因此，“顺势而为”十分重要。在一个大的趋势已经明确的时候，不要自作聪明，猜测何时逆转，逆势而为。在一个已经形成趋势的行情中，我们应该在判断好了以后，尽量按此方向买入或卖出，不要为小利而“逆水行舟”，逆势操作，往往会败得很惨。在这里还要注意的一点就是，市场趋势的发展并不完全是一帆风顺的，中间会包含着一次次的反向波动。并且有的时候这种振幅还会很大，这时尤其需要静下心来看一看原来支撑价格趋势运动的理由还成不成立，若还是成立的就要坚定自己的立场。

（5）不要企图抓住每一次的行情，这个想法是错误和不切实际的。因为白银市场的行情走势是受多方面因素影响的，而投资者并不能对每波行情走势都做出正确的判断。试图跟上每一波的行情的做法只会使自己疲于奔命，难以做出正确的决定。而且就算投资者对大势判断准确，由于交易实行的是24小时双向操作模式，短期的行情转变也常常会使投资者措手不及，甚至被强制平仓出市。对于投资者来说，最重要的其实是正确的分析并抓住有把握的几波行情，只有这样才能够争取更大的盈利机会。

5. 金价与银价的关系

古人说："如果黄金是太阳，白银就像月亮。"很多古代文明中，一年有13个月，每个月28天。因此，最早的金银比价是1:13。

在5000年的历史长河中，金银比价稳定在1:16上。而现代科学家发现，地壳里的黄金与白银储量大概是1:17，恰巧的是，古人的直觉和历史形成金银比价关系与现代科学探测的结果存在着相当程度的近似。

尽管进入20世纪后，白银与黄金价格波动开始剧烈起来，这主要是由于多数国家采用了金本位而放弃了白银货币，致使白银在一段时间内显得"过剩"。作为世界最大的银本位国家，中国的白银货币一直持续到1935年，美国的白银货币一直流通到1965年。到1971年，黄金与白银这一比价在1:23左右波动。

1971年，美国单方面宣布美元与黄金脱钩，"美金"变成了"没金"。这是人类历史上第一次出现全世界一起进入纯粹纸币时代的重大试验，直到今天这一试验仍在进行。纯粹纸币制度彻底废除了货币的商品属性，原来形成货币的核心要素——财富储藏功能完全丧失。

纯粹的纸币美元滥发导致了世界范围的价格错乱，其中就包括金银比价体系的严重扭曲。金银比价从5000年稳定的1:16被严重扭曲到了1:60！

那到底是什么原因引起了如此大的变化，是黄金更多了吗？是白银更多了吗？也许都不是，真正的原因是两者的需求变化引起了比价的变化。

黄金和白银虽然都属于贵重金属，但二者的兑换关系不是一成不变的，从1970年初的1盎司黄金兑换17盎司白银，发展到今日的1盎司黄金兑换

55盎司白银，期间也出现了很多波折，比如1991年2月份，曾创下了1盎司黄金兑99盎司白银的历史最高纪录，同样1980年1月，也出现过1盎司黄金兑16.9盎司白银的历史最低纪录。

让我们来回顾一下历史上出现的三次黄金白银比值大幅波动的情况，最2008年7月到2008年10月，金价与银价的比值由51蹿到84，黄金相对白银“变贵”，究其原因，是因为全球金融危机爆发，经济大幅下滑探底，白银的工业需求大幅萎缩，致使银价下跌44.46%，而黄金同期仅下跌了11.86%；2003年5月到2006年4月，则是全球经济活动非常活跃，大宗商品价格普涨，白银上涨185.32%，而同期黄金上涨65.66%；第三次爆发于1997年，IT产业推动美国经济发展，白银工业属性凸显，而在这一时期，克林顿ZF财政状况良好，同时东南亚金融危机使得美元需求大涨，所以出现白银大涨而黄金大跌的局面。

黄金和白银比值变化之原因

时间	起始比值	结束比值	黄金涨跌幅	白银涨跌幅	主要原因
1997年7月—1998年2月	77.2	41.18	-9.35%	69.56%	亚洲金融危机
2003年5月—2006年4月	80.45	46.65	65.66%	185.32%	全球经济活跃
2008年7月—2008年10月	51.24	84.39	-11.86%	-44.46%	全球金融危机

总的来看，白银的涨跌还是非常显著地受经济活动的扩张和收缩的影响，而黄金受的此类影响较弱，更多反映了保值抗通胀的属性。黄金白银的投资逻辑在大部分时间里，金银价格具有同向性。虽然金银价格具有同向性，但是涨跌的幅度还是有明显差异，其差异的背后是投资逻辑的不同。黄金是金属货币，其工业需求很少，只有11%，而白银的工业需求占63%。所以引导金价的涨跌是货币属性的强弱，而白银的涨跌则兼有贵金属属性和工业属性。

当流动性充裕时，大多伴随着经济上涨的预期，所以白银的双重特性便显现其优势，这就是为何白银的涨幅要大于黄金的涨幅，反之亦然。此外，白银的投资规模要远小于黄金，从而更容易被投机。从某种意义上来说，黄金是投资而白银是投机。综上所述，其不同的需求是决定价格比值变动的主要原因。

现在为大家推荐一些交易品种以及交易平台。

天通银是天津贵金属交易所推出的保证金交易的一个白银现货品种，它的优势主要有 24 个小时交易，与国际白银报价一致。可以双向交易，既可以在上涨时做多获利，也可以在下跌做空获利。T+0 交易，每天的交易次数不受限制，可以增加获利机会，减少投资风险。保证金交易，可以以小搏大，用“杠杆”原理，只需要 8% 的资金投入，放大 12.5 倍，提高资金利用率。无交割时间限制，持仓多久均可，因为可以大大减少投资者的操作成本。

金鼎集团，作为中国新兴贵金属投资行业的先行者之一，它率先提出经营投资型黄金实物并结合白银、以及钯金、铂金等贵金属衍生品的“黄金券商”概念。“黄金券商”的出现填补了国内贵金属投资市场各种投资品种、投资信息分离割裂的形式，它集贵金属饰物制品、金融衍生品投资为一体，既整合了券商营业部金融交易大厅及传统金店柜台式经营的业务范围，又充分地发挥了贵金属实物与衍生品的双重优势。更为巧妙的是，它还将贵金属全产业链中的交易、实物、基金、资讯等业务模块融为了一个整体。

6. 了解铂金的特性及种类

铂金是一种天然的白色贵金属。只有铂金才可以成为白金，不是所有的白色金属都是白金。铂金纯度通常可达到 95%。近年来，国际铂金协会极力倡导，使其越来越在结婚戒指中占据重要地位。

在距今 3000 年前的古埃及时代，铂金已受到当时人们的广泛使用。考古学家曾经发现一个埃及女祭司棺木上缀有铂金制的象形文字，历经长久时间仍能够保持完美，不使其原有光泽，充分说明了铂金的持久与稳定性。而到了南非金伯利矿挖出第一颗钻石之后，铂金才得以大放异彩。铂金材质都有哪些特点呢？

（1）矿物学特征

铂族元素包括铂、钯、钌、铱和锇这6种金属元素，在自然界中它们经常一起产出，与金、银一起通称为贵金属元素。

在矿物分类中，铂族元素矿物属自然铂亚族，包括铱、钯和铂的自然元素矿物质。铂族元素矿物均为等轴晶系，单晶体极少见，偶尔呈立方体或八面体的细小晶粒产出。一般呈不规则粒状、树枝状、葡萄状或块状集合体形态。颜色和条痕均为银白色至钢灰色，不透明。无解理，锯齿状端口，具有延展性。为电和热的良导体。

自然元素铂是地壳中一种稀有的贵重金属元素，元素符号位Pt。天然铂金的矿物学名为自然铂。它是自然元素铂的单质矿物，其化学式为Pt。自然铂比重为15.5 ~ 21.5；折光率为56.5 ~ 60.0。

（2）物理化学特征

铂族金属色泽美丽；延展性强；耐熔、耐摩擦、耐腐蚀；在高温下化学性稳定。因此，它们有着广泛的用途。在铂族金属中，人们最熟悉、用得最多的是铂金。它比贵金属中的黄金、白银等更加稀少和贵重。

纯净的铂金呈银白色；具金属光泽。铂金的颜色和光泽是自然天成的，历久不变。硬度为4 ~ 4.5度。相对密度为21.45，比重为15 ~ 19或21.4。延展性强，可拉成很细的铂丝，轧成极薄的铂箔；强度和韧性，也都比其他贵金属高得多。1克铂金即使是拉成1.6公里长的细丝，也不会断裂。熔点高达1773.5℃。导热导电性能好。化学性质极其稳定，不溶于强酸强碱，在空气中不氧化。铂金不吸水银，并具有独特的催化作用。

（3）金融属性

作为众所周知的贵金属，在国际和国内的金融市场，铂金的金融属性越来越显现其巨大的潜力，特别是中国国内市场，在2011年年底，国务院下发规范黄金交易市场的相关文件后，许多交易平台纷纷放弃黄金转战铂金市场，其中湖南享润贵金属交易市场更是在成立之初就以铂金为其主打产品。

铂金可以分为以下几类：

（1）纯铂金

它指成色最高或是铂含量最高的铂金。这种铂金的白色光色亮丽、耀眼且不会褪色，可以跟任何类型的皮肤相配。

纯铂金常用于制作订婚戒指，以表示爱情的纯贞和天长地久。在国外，许多人认为用黄金镶嵌钻石，可能导致钻石泛黄，从而大大降低钻石的价格。而用铂金镶嵌钻石，可以保持钻石的纯白颜色，特别是作订婚戒指，用铂金镶嵌钻石，既洁白又晶莹，象征纯洁的爱情永恒长久。

（2）K白金

铂金的硬度偏大并且价格昂贵，为了降低硬度、减少制作铂金饰品的成本，因此，很多国家将黄金与镍、锌、铜、银等金属熔炼成一种白色的合金，称之为K白金，因此，K白金不是真正意义上的铂金。

（3）铱铂金

它是指由铂与铱组成的合金，呈现强烈的银白色金属光泽、化学性质稳定，相对密度也很大，是最好的铂合金首饰材料。

根据铱和铂的含量不同，一般可以分为以下三种，其成分、相对密度、熔点为：

10%铱—铂合金，21.54，1788℃；

15%铱—铂合金，21.59，1821℃；

5%铱—铂合金，21.50，1779℃。

7. 铂金投资策略

铂金来源比黄金稀少，生产难度大、成本高，仅由南非、俄罗斯等极少数国家垄断生产和销售，并且用途广泛，需求量大，因而价格昂贵，被称为不可多得的战略性金属。

随着黄金价格不断创出历史新高，同时通货膨胀恶化的趋势有增无减，无数的投资者在瞄准黄金投资的同时也在探索其他可以保值增值的投资品。而铂金作为贵金属的重要一员越来越受到投资者的关注。

2008年之前，相对黄金、白银，铂金的生产量较少，市场也小得多，当年黄金价格最高达1032美元/盎司，白银最高为21.33美元/盎司，而铂金最高接近2300美元/盎司。2008年之后，黄金和白银作为应对全球经济下滑和避险品种受到市场的推崇，价格持续走高，而从2011年7月底开始，铂金与黄金的价格开始出现倒挂。黄金价格一度比铂金价格高出近20%。而日前黄金连日走低，相比之下，铂金却逆流上涨，铂金和黄金之间的差价随之缩小，两者倒挂的情况有望结束，使得铂金恢复它在历史上超越黄金的价值低位。很多投资者也将目光抛向了这个之前受到冷落的“贵金属之王”。

黄金、铂金、白银投资性能对比表

名称	黄金	白银	铂金
国际市场报价	1605美每盎司	27.5美元每盎司	1400美元每盎司
中国内地市场报价	330元每克	5.8元每克	305元每克
贵金属实物条手续费	8～15元每克	0.6元每克	50元每克
主要产品类型	金条、金币、纸黄金、T+D、黄金期货、黄金基金、黄金银行理财产品	银条、银币、纸白银、T+D、白银期货	铂打、铂币、实物铂

据业内人士介绍，引发铂金价格上升主要有三大原因，首先是市场对铂金的需求在增加，但供应量在减少，据相关机构预计，南非铂金供应量2012年同比将下降12%，降至132.2吨，为11年以来最低点。全球的铂金供应将下降10%，降至181.6吨；其次，铂金开采成本高，铂金生产商面对成本压力开始惜售；第三，由于黄金价格持续上涨，对比黄金，铂金仍处于价格洼地，由此吸引国际投资机构纷纷抄底买入。

而对于铂金的逆势上涨，有机构认为，尽管2011年铂金表现欠佳，但2012年可望见到铂金的牛市。有数据显示，铂金和黄金的比值基本上是大于1的，而且2000~2006年的商品牛市中，铂金都表现得强于黄金。因此，当铂金和黄金比值小于1的时候都是可以考虑投资铂金的好时机。

虽然很多人看好铂金的投资价值，但业内专家表示，铂金商品属性更强，人为操纵性就相对强，所以投资铂金的风险会更大。还要注意的是，目前铂金市场的投资标的不多，适合普通投资者的投资品种主要有两个，一是铂金金条，一是纸铂金。

与投资黄金白银相比，现在摆在铂金投资前面最大的一个难题是流动性差，不容易变现。除去铂金饰品外，国内实物铂金的投资并不像实物黄金那样普及，铂金币和铂金条更多用于收藏，少有回购渠道。若投资者想要进行铂金投机，同样渠道较少，目前只有工行推出了个人账户铂金买卖业务，类似于“纸黄金”。

恒泰大通黄金投资有限公司董事长王志斌表示：“投机渠道上，黄金发展得较充分，有上海金交所的黄金 T+D 业务、各类投资金条和金币、银行推出的个人账户黄金交易以及上海期货交易所的黄金期货等，交易方式众多。另外，银行和投资型金店都开展了黄金赎回业务，变现方便，流动性得到较大保障。更值得注意的是，黄金参与者众多，价格连续性好，波动较大，投机就是赚取差价，黄金投机的波段机会恐怕要超过铂金。”

而参与铂金投资的人相对较少，市场交易并不是特别活跃，很难查到交易数据的统计。据北京中期期货研究院贵金属期货研究员吴峥峥粗略估计，铂金的整体交易量应该只有黄金的十分之一左右，其中金店出售的铂金饰品占了很大一部分比例。

在实物铂金的回购上，投资者能经由金店进行，但各家金店回购价没有统一的标准，回购价格并不如黄金明显，操作也不尽规范，若是大品牌的珠宝商，一般不提供回购业务，多是以旧换新。投资者也能选择去典当行，不过典当行回购的铂金价格比黄金还低。

最后需要提醒的是，不少投资者还存在一个误区，认为买入铂金饰品也是进行铂金投资。粤宝黄金一位门店负责人告诉记者，事实上，目前市场上的铂金饰品价格都在 580 元人民币 / 克左右，而铂金基本金属的价格在 330 元人民币 / 克左右。而购买的铂金饰品，一旦要回收，回收价往往不到 300 元 / 克。因此，铂金饰品并不具备投资功能。

8. 掌握钯金的基本知识

钯，元素符号 Pd，是铂族元素之一。1803 年由英国化学家沃拉斯顿在分离铂金时发现的，它与铂金相似，具有绝佳的特性，常态下在空气中不会氧化和失去光泽，是一种异常珍稀的贵金属资源。

在矿物分类中，铂族元素矿物属自然铂亚族，包括铱、铑、钯和铂的自然元素矿物。它们彼此之间广泛存在类质同象置换现象，从而形成一系列类质同象混合晶体，由铂族元素矿物熔炼的金属有钯、铑、铱、铂等。

钯金是世界上最稀有的贵金属之一，地壳中的含量约为一亿分之一，比黄金要稀少很多。世界上只有俄罗斯和南非等少数国家出产，每年总产量不到黄金的 5%，比铂金还稀有。

钯金异常坚韧，钯金制成的首饰不仅具有铂金般自然天成的迷人光彩，而且经得住岁月的磨砺，历久如新。钯金几乎没有杂质，纯度极高，闪耀着洁白的光芒。同时，钯金的纯度还十分适合肌肤，不会造成皮肤过敏。

钯金与其他白色金属的区别：

（1）白色金

又称为 K 白金，它是一种合金，是将黄金与其他白色金属熔合以后制成的。它的代号为 WG（WhiteGold），也就是白色金的意思。白色 K 金首饰常用“18K 白金”或“14K 白金”等表示。实质上就是 18K 黄金，但颜色是白色的。

（2）铂金

符号 Pt，银灰白色，比重 21.35，熔点 1769℃，摩氏硬度 4 ~ 4.5 度，化学性质稳定，除王水外不受酸碱腐蚀。纯铂比较柔软，加入钌、铑、钯等金属会增加其硬度。

铂金、钯金为铂族里蕴藏量最小的两种矿物，此二种的冶金性质相当类似，因其同样稀有、用途相类似，所以常在各种应用上互做替代品。在国际贵金属现货、期货交易行情中也只有黄金、铂金、钯金、银 4 个品种。

（3）铂合金

指铂与其他金属的合金，如与钯、铑、钇、钌、钴、铜等。尽管纯铂硬度比黄金高，但作为镶嵌之用尚且不足，必需与其他金属合金，方能用来制作首饰。国际上铂金首饰的标记是 Pt，Plat 或 Platinum 字样，并以纯度之千分数字代表之，如 Pt900 表示纯度是 900‰。常用铂金首饰标记有 Pt1000，Pt950，Pt900，Pt850。根据国际规定铂金含量低于 pt900 就不能称之为首饰，只能称之为铂合金。

（4）钯金首饰

钯比较稳定，能够耐酸的腐蚀。钯金几乎没有杂质，纯度极高。国际首饰界通过加工钯白金，使之作为首饰和装饰艺术品之用，并且逐渐形成时尚潮流。钯金具有极佳的物理和化学性能，耐高温、耐腐蚀、耐磨损和具有极强的伸展性，在纯度、稀有度以及耐久度上，都可与铂金相互替代。

钯金首饰的魅力，源于古希腊人浓郁的浪漫时尚气质和古典生活情调，从而使人们得到美的享受。它是纯洁、美丽、智慧、永恒的象征。

钯金首饰的保养：

（1）首先最好单独佩戴，以免相互磨损。

（2）首饰物品应防止拉扯、挤压、碰撞、摩擦，不佩戴时应单件收藏。

（3）定期为钯金饰品进行清洁。这可以保证饰品呈现出最佳光泽，且更为持久。

（4）所有贵重金属都可能留下划痕，钯金也不例外，如果出现了肉眼可见的划痕，请将钯金饰品带到具有修理合格资质的珠宝商店中进行抛光。

（5）应尽量避免接触漂白或刺激性化学品。

由于钯金自身的性质，所以钯金首饰的加工制作都特别复杂，对各个环节的要求都挺高，所以钯金首饰偶尔也会出现一些容易断裂的问题，众位朋友佩戴的时候需要注意。而且，由于钯金首饰的硬度较大，所以朋友们的钯金首饰在取下的时候要单独放置，以免和其他首饰相互摩擦产生刮痕。和铂金、K 金相比，钯金首饰有着自己的优点和缺点，但是这几种金属的颜色相近，很容易让消费者购买的时候混淆，所以建议大家购买的时候要看清楚珠宝首饰上的金属印记。

9. 钯金投资策略

钯金是世界上最稀有的贵金属之一，与铂金、黄金、银同为国际贵金属。钯金在地壳中的含量约为一亿分之一，其含量比黄金还要稀少 30 倍。同时钯金异常坚韧，其特性稳定，具有极佳的物理与化学性能，几乎都可以与铂金互相替代，无论单独制作首饰还是镶嵌宝石，堪称最理想的材质。因此，钯金是一种不可再生的稀缺资源，随着不断的开采和市场需求的提高，其未来价值还将逐渐体现出来。

钯金发现于 1803 年，随后其工业价值逐渐显现，在首饰界也逐渐被认可，但真正广泛应用在首饰上则起源于中国，并且在近几年一直占据统治地位。2003 年末，当铂金价位维持高位时，我国部分经营者为减轻资金成本风险，想到用铂族中另一元素——钯金来制作首饰。自此钯金首饰正式在中国诞生。

但全球市场对钯金的认识仍然不足。为此，国际钯金协会（PAI）于 2006 年 3 月作为一个非盈利性的国际性组织成立，并发挥着越来越重要的作用。而钯金除了在工业方面以及首饰工艺品方面大放异彩之外，其金融避险价值也逐渐为世人所关注。

首先是钯金期货。纽约商业交易所自 1968 年起开始交易钯金期货，跟随其后的是东京商品交易所，1992 年开始出现钯金期货品种。在 2009 年 12 月，这两个市场上多头持仓量达到 168 万盎司。

其次是交易所上市的铂钯基金（ETF），这是一种新型的铂钯投资替代方式。ETF 份额代表在伦敦或者苏黎世持有相应数量的实金。铂钯 ETF 基金自 2007 年在欧洲上市。除此之外，2010 年 1 月美国开始发行铂钯 ETF 基金。2010 年 1 月，ETF 基金得到美国证券交易委员会批准，在美国纽约股票交易所上市。美国钯金 ETF 基金成功发行，第一周里就售出了 195000 盎司，并在数周内售罄。到2010年1月底，全世界钯金ETF持金量达到约150万盎司。

中国仍将保持钯铂最大市场位置。钯金首饰在二三线城市中特别受欢迎。但和铂金、黄金首饰不同，仍有部分中国消费者还不把钯金首饰看作保值手段，这限制了其销售增长的潜力。不过，在国际需求和ETF基金增持下，钯金投资价值渐渐被发现。2011年12月，中国工商银行宣布推出个人账户钯金，成为国内首家推出钯金服务的商业银行。2011年12月12日，天津贵金属交易所推出的钯金现货为广大投资者提供了新的投资渠道。

对于钯金未来价格走势的分析，全球各大机构各执一词。加拿大丰业银行预计未来钯金价格将突破1000美元/盎司，理由是资源的枯竭及供给量的减少。南非标准银行则认为，由于全球汽车销量等的下降，钯金未来很难站稳700美元，不过该机构2012年年中的时候认为钯金会上涨至950美元。巴克莱资本则认为钯金价格短期将维持较大的波动性，也就是维持震荡行情。市场对钯金近期的走势还没有一个明确的、比较统一的看法。

就目前钯金价格不断提升，并呈现出逐渐高于黄金的趋势，但对其投资方面，专家给出的意见依旧是谨慎。有专家提醒说，从表面上看，钯金非常稀有，比黄金更稀有，似乎比黄金更有投资前途。但黄金是作为储备形式出现的，它的用途极其广泛；而钯金最大的优势是制作首饰，并没有和炒黄金一样，有广泛的交易市场。

据了解，钯金到现在还没有一个低成本的回购途径，同时，投资的最好形式是既能进行短线，也能进行长线，并且容易出手。而钯金价格虽然长期看涨，但在目前看来并不具备这些投资的基本前提在广大商家大量制造，而消费者还在犹豫的时候进入，存在很大的风险；即使炒钯金可以，也只能少量投资，不会有多大的收益。

第十章
练就黄金投资真本事

CHAPTER10

人最难做到的就是了解自己，我们时而低估自己时而又高估自己，很少有人能够做到在特殊时刻做出正确的决策，这种现象在投资领域表现得尤为明显。因此，任何一个人在进入黄金投资领域之前都要好好地了解自己，掌握一些黄金投资的技巧，同时要远离投资的误区，在投资过程中不仅要善于听取别人的意见，还要有自己的主见，树立风险管理意识。

1. 投资前先要了解自己

人最大的敌人往往就是他自己，而并非别人或是外在环境等等。

有这样一位朋友，是一家市级医院的外科主治大夫，今年40岁，有自有轿车和住房，在我们这个三线城市来说，从职业、收入等方面来说，也算是中产阶层了，但从最近两年左右的时间，却从来都是只买人民币理财产品，而且主要是信托型和票据型，打新股的都买得很少，几乎从来不涉基金、股票等投资品，而且理财产品一般都只买3个月或6个月的，每次到期后，都接着再买当前正在卖的一期产品，如果断档，就先存在银行账户上，等有了新一期产品后银行客户经理再通知他买。2010年股市和基金行情好的时候，连客户经理也觉得这样的投资有点儿“亏”，因为当时基金火爆，三两天的收益就可能达到这种产品几个月甚至一年的收益，所以也想给他做个规划，引导他投资点基金一类的高风险产品，但他却只是笑笑，说他觉得还是银行理财产品安全，也不用操心，到期后银行自动将本息打到他的账户上，省心省力，所以仍然让客户经理帮他买人民币理财产品。

其实，这位客户从年龄、收入、职业、风险承受能力等方面来说，都可以将一部分资金甚至一大部分资金投资于较高风险的理财产品中，然而他却只投资低风险产品。也许我们可以说这位客户有点儿固执，但我觉得他很好地做到了“投资前先了解自己”的原则。

假如你身上有10万元，但因理财错误，造成财产损失，很可能立即出现危及到你的生活保障的许多问题，而拥有百万、千万、上亿元“身价”的有钱人，即使理财失误，损失其一半财产亦不致影响其原有的生活。因此说，必须先树立一个观念，不论贫富，理财都是伴随人生的大事，在这场“人生经营”过程中，越穷的人就越输不起，对理财更应要严肃而谨慎地去看待。

因此，在做黄金投资之前一定要充分的了解自己。

首先，要明确自己的实际情况。

这其中包括年龄、收入、职业和财力等多种因素。年龄是决定要承担多大投资风险时必须考虑的问题，如果投资风险比较大，或是需要投资很长的时间才能够见效，那么这样的投资就更加适合年轻人而不是即将退休的人。收入也是很重要的因素，无论是现有的收入水平还是今后收入水平的预期，都可能影响投资决策，因为收入直接影响到投资人的财力。在实际投资前，你应该考虑到现有的资产状况。

其次，还需要明确自己的投资目标和需要。比如，希望用这笔投资来支付子女的高等教育费用，还是用于旅游计划、退休养老？您打算什么时候将这部分投资变现？投资前应该据此为该次的投资设定一个到期日。

最后需要明确的是，要了解自己在资金流动性方面的需求。

一般而言，活期储蓄和定期存款的流动性最高，可以随时取现而没有任何本金损失。国债的流动性低于储蓄。则相对来说，股票的流动性要更差一些，因此不应该把股票投资作为实现短期理财目标的途径。

“投资前先了解自己”是一项非常重要的原则。老百姓常说，人贵有自知之明，要弄清楚自己到底有多大的能耐。所以，每个投资者在准备投资前，都应该先充分地了解自己，看看自己的年龄、收入、资产、职业、风险承受能力、资金用途等方面最适合投资哪些产品，是否适合投资高风险的理财产品，如果不适合，就只能投资于适合自己的产品，绝对不能不顾自己的实际情况而一意孤行，否则将可能给自己带来无尽的烦恼和痛苦。

2. 黄金投资的心理策略

古人云：功夫在诗外。也就是说，要想成为黄金市场上的常胜将军，心理因素往往是关键。作为新手今日黄金市场，除了学习基础的市场知识，掌握分析和操作的基本方法之外，塑造成功的交易心理，有着更大的意义。

如果投资者没有良好的心理素质，那么在行情逆转造成账面金额亏损时，将对投资者的分析思维和操作造成强烈的干扰和破坏，使投资者思维和感觉狭窄呆板，不知所措，难以保持理性客观的态度来适应不断变化的市场行情，导致判断屡屡失误和操作步调混乱。

以下一些心理弱点最容易导致投资者的失败，必须加以克服。

（1）盲目跟风

黄金市场受诸多复杂因素的影响，其中投资者的跟风心理对市场影响很大。有这种心理的投资者，看见别人纷纷买入或卖出时唯恐落后，于是也匆忙买入或卖出。这就是我们通常所说的“追涨杀跌”。在跟风心理的作用下，一旦发生某种突发事件，如恐怖袭击等，黄金价格在群体跟风操作下会发生市场力量失衡，进而导致价格剧烈波动，这样往往会上那些在金市上兴风作浪的用意不良的人的当，往往会被这些人所吞没而后悔莫及。因此，投资者要树立自己买卖独立的意识，不能跟着别人的意志走。

（2）举棋不定

具有这种投资心理的投资人，在买卖黄金前，原本制定了计划，考虑好了投资策略，但当受到他人的“羊群心理”的影响。在步入市场时，一有风吹草动，就不能够实施自己的投资方案。

（3）犹豫不决

一些投资人事先已经订好了投资的计划和策略，但步入现实的黄金市场时，却被外界的环境所左右。例如，预先决定当黄金价格继续下跌时就立即买进，但一看市场，众人都在抛售，他买黄金的手又缩了回来。也有人根本就没有计划买入黄金，只是当众人抢购时，他也经不住诱惑。

还有些人又是一直要等到更便宜，似乎认为目前的黄金（即使是在大势上涨时）也不值得购入。应更廉价才可以入市。于是乎，越等价越高，越等越不敢入市。结果是黄金价格翻了几倍，他却白等了全过程。

错误地分析形势和错过买卖时机，这两种错误是密切相关的。正由于错误地估计了形势，投资者往往会坐失良机。政治、经济形势的变化经常会给黄金市场带来影响。因此，在投资黄金市场时，不能光重视金市动态，而且还要密切注视当地和国际政治和经济形势等的动向。把对形势的估计和对黄金价格走势的技术分析结合起来。这样才能及时捕捉买入或卖出信号。做出该买时买，该卖时卖的实际行动。

（4）敢输不敢赢

请记住，进入金市，首先应当自信。许多投资者买黄金时，买进后上升一段时间，便迫不及待地要卖出去获利。他们相信，只有把钱装进口袋里才算安全。可是他们却忽略了黄金的合理价值。

一般说来，黄金的市场价格不一定能完全反映黄金的真实价值。所以有些投资人卖出黄金后，黄金价格依然持续不断地上升。而且往往表现为卖出后的价格上升幅度比卖出前的上升幅度还大。许多人投资黄金，往往赚的非常有限，蚀的却非常多。其中的一个重要原因就是不敢赢的心理在作怪。

（5）不必要的恐慌

有些黄金投资人因受某些环境因素和小道消息的影响，对黄金的前途失去信心，感到恐慌，于是就拼命抛售手中的黄金。许多金市上的经验表明，不必要的恐慌往往是虚惊一场。当然发生在非常时期（如战争、经济危机等）似乎是在情理之中。但在一般的情况下，不少抛售风往往是由一些大户或其他人故意掀起的。他放出不利消息，引起抛售目的是压低货币价格然后趁机买进，或套现以转移资金。一般的投资者，若产生不必要的恐慌，大量抛出手中持有的某种货币，肯定会受到损失。

（6）缺乏忍耐的心理

有些投资者恨不得一旦入市，金价就向着有利于自己的方面运动，最好是大幅运动，实现一夜暴富的愿望。但是出现这种情况的概率很小，大多数情况下入市后，金价好像跟自己作对似的，偏偏朝着自己的相反方向运动。这正是考验投资者忍耐力的时候，一定要严格按照原来的操作计划行事，千万不要像捡了芝麻丢了西瓜的猴子一样，看见其他币种好，就立刻换仓，或者赚了一点蝇头小利就急忙抛出，往往会得不偿失。

只有将这些不良的心理弱点通通克服，才会使我们的黄金投资过程越来越顺利。

3．掌握黄金交易规律

要想在黄金市场上做到如鱼得水，掌握一定的黄金交易规律是必不可少的。下面就向大家介绍一下在黄金市场里一些基本规律。

（1）钟摆原理

所谓钟摆原理，就是任何一种资产的价格都不可能无限的上涨，也不可能无限的下跌，就如同钟摆一样终究会回归到平衡状态。偏离程度越大，反向调整的幅度也越大，反之亦然。但需要指出的是投资者往往死板运用这个原理，而在明显单边市势中希望抓住转势的转折点而不断进行逆势操作，因而造成巨额亏损。价格本身不会告诉投资者何时转势，只有依靠基本面的把握，同时结合技术分析中的趋势分析，顺势而为，这样才能运用这一理论来把握金价中长线的运行走势。

（2）水床原理

水床的特点就是从一边按下去，另一边就是因为水的挤压而突出来。如果把水床比喻成整个金融市场，那么水床里的水就是资金流，各个金融市场之间的资金流动就表现为此消彼长的关系。资产价格是由资金来推动的，短期内金融市场的增加或减少的资金量相对于总存量来说可以忽略不计，通过分析把握不同子市场之间资金的流向来判断基金经理们的操作思路，从而把握市场中长期的走势。

（3）市场焦点的把握

市场中线的走势方向一般都是某一个市场焦点所决定的，同时市场也在不断寻找变化关注的焦点作为炒作的材料。

以 2005 年的走势为例，2 月份的朝鲜和伊朗的核问题使国际局势紧张，金价在一个月内从 410 美元迅速上扬至 447 美元的高点。之后随着美国的退让，紧张的气氛逐渐缓和，使市场焦点立即转变为美国的息口走向，金价随之从 447 美元滑落。

（4）纪律至上

在决定入市之前，必须先认清自己的风险和期望回报是否对等，以此来决定目标价格和止损价格。特别是对于新手而言，往往在入市之后就把原来的计划忘得干干净净，或者即便记得不能严格遵守，尤其是价格即将到达其止损价时便向自己妥协，临时变动既定的止损价甚至干脆取消，结果落得巨额亏损。

在瞬息万变的金融市场上如果不遵守纪律，不严格止损，是根本没有办法生存的，因为你还远没有达到在价格面前心若止水的境界。

（5）市场永远是对的

投资者犯的最大的错误往往就是在市场面前不肯认输，不肯低头，固执己见。很多人总是装作百思不得其解的模样："见鬼，从任何角度都没有理由是这样的走势，它很快就会反弹的"，因此不肯止损。

往往越聪明的人，越容易自以为是，但是请记住，市场价格已经包含了市场的一切信息，市场永远不会错，错的在于你自己。不要自以为是，不要有虚荣心，按照市场给你的信息来决定行动计划，一有不对就要认错，这才是市场的长存之道。

（6）不要相信规律

任何金融工具的走势绝对不存在所谓的规律，也没有可以绝对保证获利的公式可循，否则岂不是人人都能够成为百万富翁？

相信市场走势有规律存在的心理是假定了历史会重演，很多专家经常研究以往造成涨跌的原因，而后期待只要这些原因重复出现，大势也会因此涨跌。不过在你接受任何这类说法时不妨自问，为什么成千上万的聪明人，穷数十年之精力研究，到了还没有致富？或许这样就能够让自己的脑筋清醒一点，不轻易相信所谓的规律。

4. 巴菲特交易法则

巴菲特是全球第二大富商，净资产超过200亿美元，是唯一一个通过投资股票市场跻身福布斯全美富商前400排行榜的亿万富翁。在过去三四十年中，他的投资组合平均年复利收益率高达23.8%。

作为普通人，我们容易受从众心态的影响，因此常常在情绪起伏中成为牺牲品。大众情绪推动了股市，却将利润让给了那些遵守规则的人，比如巴菲特。

巴菲特将他的财富投资于很多不同类型的企业。他所投资的企业特性会随投资性质而不同。他以套利为目的而投资的企业类型与他长期投资的企业类型可能会有差异。但是，不论是企业类型还是投资性质，巴菲特总是使用企业前景投资的基本原则作为决策基础。

大多数人都具有理解巴菲特企业前景投资理念的智商和能力，然而，几乎没有人愿意专门学习他这门投资技巧，我希望在这里通过向大家揭示巴菲特法则及其应用方法，能帮助使投资者获得更多的投资技巧。

具体来说，巴菲特的“三要三不要”投资法则包括以下几点：

要投资那些始终把股东利益放在首位的企业。巴菲特总是青睐那些经营稳健、讲究诚信、分红回报高的企业，以最大限度地避免股价波动，确保投资的保值和增值。而对于总想利用配股、增发等途径榨取投资者血汗的企业一概拒之门外。

要投资资源垄断型行业。从巴菲特的投资构成来看，道路、桥梁、煤炭、电力等资源垄断型企业占了相当份额，这类企业一般是外资入市购并的首选，同时独特的行业优势也能确保效益的平稳。

要投资了解、前景看好的企业。巴菲特与一般人只注重概念、板块、市赢率的投资方式不同，凡是投资的股票必须是自己了如指掌，并且是具有较好行业前景的企业。不熟悉、前途莫测的企业即使被说得天花乱坠也毫不动心。

不要贪婪。1960 年的美国股市牛气冲天，到了 1969 年整个华尔街进入了投机的疯狂阶段，每个人都希望手中已经涨了数倍的股票一直涨下去。面对连创新高的股市，巴菲特却在手中股票涨到 20%的时候就非常冷静地悉数全抛。后来，股票出现大幅下跌，贪婪的投资者有的血本无归，有的倾家荡产。

不要跟风。2000 年，全世界股市出现了所谓的网络概念股，一些亏损、市赢率极高的股票一沾上网络的边便立即鸡犬升天。但巴菲特却不为所动，他称自己不懂高科技，没法投资。一年后全球出现了高科技网络股股灾，人们这才明白“不懂高科技”只不过是他不盲目跟风的借口。

不要投机。巴菲特的“投资不投机”是出了名的，他购买一种股票绝不在意来年就能赚多少钱，而是在意它是不是有投资价值，更看中未来 5 ~ 10 年能赚多少钱。他常说的一句口头禅是：拥有一只股票，期待它下个早晨就上涨是十分愚蠢的。

（1）只有把自己当成是企业的经营者，才能成为优秀的投资人。

（2）好的企业比好的价格更重要。

（3）一生追求消费垄断企业。

（4）最终决定公司股价的是公司的实际价值。

（5）没有任何时间适合将最优秀的企业脱手。

（6）利用市场的愚蠢，进行有规律的投资。

（7）买家决定报酬率的高低，即使是长线投资也是如此。

（8）不再以一家公司来年可以赚多少，仅有意未来 5 至 10 年能赚多少。

（9）只投资未来收益确定高的企业。

（10）投资人财务上的成功与他对投资企业的了解程度成正比。

（11）产品简单、易了解、前景看好。

（12）有稳定的经营史。

（13）经营者理性、忠诚，始终以股东利益为先。

（14）财务稳健，没有或较低的负债水平。

（15）经营效率高、收益好，高权益报酬率和营运毛利。

（16）资本支出少、自由现金流量充裕。

（17）价格合理。当市场过于高估持有股票的价格时，也可以考虑进行短期套利。

5. 江恩交易规则

在向大家介绍江恩交易规则之前，我们先来了解一下江恩的相关个人经历。

威廉D·江恩出生于1878年，16岁开始在火车上工作。后来，他进入一家棉花交易行担任经纪人。在24岁的时候，江恩做了第一笔棉花期货合约的买卖，并从中获利。自此之后的53年，他从金融市场共获取5000万美元的利润，等于现在的10亿美元。1909年，他的交易技巧开始引人注目，在286次交易中，他只有22次受损，成功率高达92.3%。20世纪30年代后期，江恩的兴趣从股票转向商品。1955年6月14日江恩逝世，享年77岁。

江恩在他五十余年的投资生涯中创造了独一无二的投资方法，运用这种方法江恩在市场投资上取得了巨大的成功。而江恩晚年开始整理写作和教授工作，在他的许多著作中，江恩的投资经验、忠告等至今已经成为投资界的至理名言。对于渴望掌握江恩方法来进行交易的人们，则需要对江恩的一些忠告加以认真思考。

下面就为大家介绍江恩的二十八条买卖规则。

（1）每次交易风险绝对不能超过交易本金的10%，即以交易本金的10%设为止蚀的标准。

（2）入市之后绝不可以因为缺乏耐心而进行盲目的平仓。

行情的展开是需要时间的，在市场没有证据证明您的操作是错误的之前，要有足够的耐心与信心。即在没有触发您的止蚀盘（止蚀标准）或止盈盘（止盈标准）之前要耐心的持有。

（3）谨慎使用止蚀盘（止蚀标准），以减低每次操作出错的概率。止蚀盘（止蚀标准）的设置是需要技巧的，而技巧则来自于交易经验与交易技术。

（4）绝不可以过量地进行交易。

（5）应避免发生获利回吐之现象，即要利用交易技术和交易经验进行有效的调控。

（6）绝对不可以逆大势而进行交易。

（7）市势不明则立即停止操作。

市势不明就应该立刻停止操作，待等到市势明朗之后再进行操作不迟。

（8）只在活跃的市场中进行交易。

（9）只可以选择2~3个交易标的进行同时交易。因为个人的精力有限，太多则难以兼顾。

（10）关键时刻，绝不可进行限价交易，否则可能会因小而失大。

（11）获利后，要将部分利润抽走备用。

（12）操作正确而有了利润之后，切不可随意平仓，可用止盈盘（止盈标准）作为保证，放胆去赚取更加丰厚的利润。

（13）绝不可为了蝇头小利而随便的入市交易。

（14）绝不可以追加死筹（补仓），即绝不将损失进行平均化。

当交易亏损时，即出现了死码，说明您对市势的判断可能是出错了，继续加码只会招致更大的损失。

（15）胜少负多的交易方式要彻底的摈弃。

（16）入市之后，绝不可随便地取消止蚀盘（止蚀标准）。

（17）交易次数不宜过多。

一个趋势性行情的展开需要与之对应的形态，这就需要时间，一年之中，行情的次数是有限的，所以不宜过多地进行交易，即避免频繁的进出市场。

（18）顺势操作，即按市场的变化进行交易。

（19）绝不可以贪低而买进，亦绝不可以因恐高而卖出，一切都应以市势的走势变化而定。

价位的高低是由市场而决定的，是我们日后才能发现的，所以绝不可以主观地去臆想（预测）。

（20）应避免在交易一路顺利之后而追加头寸，即避免追加成本。

（21）应选择势头凌厉的交易标的进行金字塔式的操作，了结时则相反。

（22）出错时，应立即平仓，切忌锁仓操作。

锁仓是不愿意认错的一种表现，在资本市场中，赔与赚都是很正常的，出错时拒不认错不但会招致更大的损失，而且还会导致错过下一次获利的机会。

（23）绝不可随便地由好仓转为淡仓（或由淡仓转为好仓），每次交易都要经过详细而周密的计划，在理由充分且条件都具备之后，方可以进行操作。

（24）交易得心应手时，切勿随意加码，此时最容易出错。

（25）切莫预测市势的顶或底，一切皆应由市场来自行确定。

（26）绝不可以轻信他人的意见。

市场是瞬息万变的，而一个没有主见的人是不适合在其中生存的，更何况他人的意见也未必是正确的，所以他人的意见也只能是作为参考而已。

（27）入市、出市皆错固然是不妙，但是入市正确而出市错误亦是不应该，二者都应该避免。

（28）出错时，请认真查阅以上之条例，并能以此为戒，则您的交易技能必将会不断地进入新的境界。

江恩理论主要是研究形态、价格与时间之间的关系，以及这些关系是如何影响市场的等等，整套理论较繁琐，并且晦涩难懂，因此将其归纳为简明易懂的二十八条交易规则，以供大家学习。

6. 掌握一些黄金投资技巧

作为黄金投资者都应该知道，每个人都要忌贪，只要你不贪，就损失不了太多的钱。同时在心态变化上，需要严格的操作纪律和守则来规范和要求自己，同时我们用技术手段加上心态上的调整，以此来规避风险、控制风险。

下面为大家介绍一下黄金投资的基本技巧：

（1）市场有风险，入市需谨慎

有许多进入过市场操作的朋友看这句话可能会觉得很好笑，确实实盘黄金交易每天金价的波幅通常不超过3%，与国内股市每天经常出现涨停板、跌停板的10%波幅无法相提并论。但正是由于这小于3%之内的波幅才造成不少投资者由于看错趋势而年亏损超过20%以上。

大家做投资的目的在于赢利，人性的贪婪在市场中能够得到充分的表现，割肉放血毕竟是每个人最不愿做的事情。

虽然黄金交易市场具有信息透明度高，无人能够长期操纵市场价格的优势，但由于国内银行开办个人纸黄金业务中存在着交易点差大、只能单向操作，没杠杆作用等缺陷。而我们多数个人投资者由于条件所限，不可能获悉全部的市场信息，也不可能24小时紧盯市场的变化。因此造成实盘交易的亏损往往具有钝刀割肉的特性，一旦陷入将难以自拔。

国内金市的实盘交易不像股票市场那样使人一夜暴富，而是利润缓慢积累的过程，也是培养个人忍耐能力和观察判断能力的最佳场所，能在国内纸黄金投资获利，是市场中的精英，在其他任何市场中将无往而不利。

但是在获得成功之前，请每一位投资者牢记金市有风险，入市须谨慎。

（2）不求漂亮作单，只求落袋为安

很多投资者在实盘交易中期盼自己能够成为买底卖顶的高手，总是希望自己每一单能够做得十分漂亮，在实际这种方法很可能是得不偿失的行为。

我们作为个人纸黄金交易投资者，没有先进的交易工具作为依靠，无法全面把握市场的变化；多数投资者仍有自己的本职工作，很难长时间对市场进行盯盘操作；而且多数投资者仅对黄金市场的基础知识、图表分析方法略知一二，并未经过系统训练；如果靠这些条件一味追求一次次漂亮的作单，那么发生亏损的机率要远远大于赢利。这些高手的崇拜者偶尔也许会做出一次漂亮的买底卖顶，实际所获得的也仅仅是自我虚荣的满足以及能够向同伴炫耀的资本，而丧失了纸黄金投资以赢利为目的的本质。

由于前面所讲的实盘交易的弊端，使我们成为纸黄金交易中的弱者，追求成为高手，不如踏踏实实地完成每一笔交易。不必要求自己次次成为买底卖顶的高手，只要作到顺势而为，在波动中获取自己能够到手的利润，哪怕每次只有区区三五十点，长此以往，所获得的收益也决不会低于这些所谓的高手。

在市场交易中只有最终落到自己口袋里的才是钱，而那些处于我们无法把握未来变化中的仅仅是一些虚幻的数字。

（3）不可贪多嫌少，哪怕见好就收

很多纸黄金投资者都有过被套牢的经历，多数时候并不是由于对走势的判断失误，而是由于一时的贪念所致。其操作行为往往是在不太适宜的价位买进，当市场价格按自己预测走以后，心中贪念骤升，总是想着这一次如果能赢利多少以上就好了，结果却总是市场没有到前面所想的价格就开始有所回落，但这时投资者心中想的这可能仅仅是蓄势上攻，万万没有想到的是价格非但没有上攻，反而掉头向下，回到低于买入价位的区域盘整。割肉又担心金价再次上涨，等待又害怕金价下跌，此时的心情如同得到一块鸡肋，弃之可惜、食之无味。

此类的错误在于没有认清当前的市场整体走势，将金价的反弹当作上升走势的开始。贪心是纸黄金交易的一大忌讳，尤其是在保证金方式交易规则下，不克服这种毛病，很容易落得辛辛苦苦30年，一夜回到解放前。

（4）按计划作单，不可擅改目标

很多投资者每天交易没有计划，甚至不做行情分析。每天的交易目的只是盯着行情的变化，数据涨了就追，数据跌了就抛，完全不顾及重要价位对走势的影响。而金价经常是一追就跌，一抛就涨，搞得自己连连失误，亏损严重。

实际上，在没有意外事件发生的情况下，通常每天的金价都有一定的波动范围，只要进行认真分析，制定好适宜的买卖价位，每日的获利仍能十分丰厚。

也有一些投资者虽然每天也制定作单计划，但常常篡改作单计划，看到市场价格上涨就会马上提高卖出价位，看到下跌就会马上修改买入价位，结果经常是计划作得十分优秀，但被任意修改的目标搞得面目全非。

（5）不可犹豫不定，不可左顾右盼

在纸黄金交易当中，很多投资者经常已经发现了市场价格的异常波动，也做出了对即将到来走势的正确判断，却往往输在犹豫不定上面。有时候看到价格上涨，不敢坚持己见，心里总是盘算只要金价过了某某价位我就一定买，看看后面发展，结果市场发力上攻；有时候看到价格下跌，已经意识到走势不妙，但总是心存幻想，只要金价过了某某价位我一定抛，也许还有反弹，结果金价急速下跌，有心抛出却已是亏损严重。

只有以平常心看待每一次交易，才能获得丰厚的收益。在一些香港公司举行的个人纸黄金买卖模拟大赛，大多数参与者都有良好的获利结果，交易中也能准确把握每次的买入卖出时机。但在真实的交易中获利人数的比例却会严重下降，为什么？原因十分简单，模拟交易的资金不是自己的，没有沉重的心理负担操作起来就会很少有所顾虑；想做就做，往往能够赢利丰厚。

7．远离黄金投资的误区

黄金到底应该在人们的生活当中扮演一种什么角色呢？装饰、收藏、投资？不同的人可能会有不同的回答。而不同的黄金产品由于具有不同的功能和价值，它们在人们生活当中的地位和作用也不一样。

近年来，对国内市场来说黄金的投资价值正逐渐显现，市场也更趋活跃，黄金不再仅仅作为一种奢侈品而存在，越来越多的人将黄金当成一种投资理财的工具，而这才使得黄金扮演着越来越重要的角色。但事实上，相对于炒股和炒房，真正将黄金作为投资的人还不多，而在人们的传统观念中，对黄金投资还是存在着一定的误区，主要有以下几个方面。

（1）黄金越纯越好

随着高纯金技术的应用，黄金市场又出现了新亮点，那就是Au99.999，又称万足金。近期，不少金店也推出了高纯金金条、金币、金章等。一些消费者也把高纯金产品作为了投资对象。

但是，从目前来看，高纯金产品并不适合进行投资。主要的原因在于它的定价机制不透明。在金交所的黄金报价系统中，并没有高纯金的报价，国际市场也没有对应的价格。所以投资者很难分辨其价格是不是合理。因此，投资实物黄金也并非越纯越好，流通性较强才是王道。

（2）频繁买进卖出

有时我们会看到这样一种现象，那就是当黄金价格走势低迷时，市场上的购金热情并没有消退。其中的主要原因在于这几年黄金市场的连续牛市，投资者看到的是只涨不跌的市场，一旦市场回调就当成了好的投资时机。

不仅如此，每当黄金价格涨幅较高时，到银行来办理黄金回购的客户数量也会大幅度增加。事实上，很多人都把实物黄金当做了波段操作的工具，频繁地买进卖出，以获得其中的差价收益。

但对于投资者来说，必须要考虑以下两个问题。

一是波段操作的成本很高，实物金条在出售时采用加价销售的方式，高于当时的黄金市场价格；而在回购时，就需要按照3~10元/克的水平收取手续费。只有黄金价格的上涨达到一定的水平，才有可能弥补其中的成本。因此，如果投资者选择账户金，而不是实物金来进行波段操作，就可以大幅度降低其中的成本，增加自己的获利。

二是尽管这些年黄金市场连续呈现牛市行情，但是从来都没有只涨不跌的市场，投资者在市场的回调中也需要认清其基本因素是否发生了变化。

（3）仿照炒股来炒作黄金

很多时候并不是能够读懂股票技术指标，就能将炒金做到完美。很多股民看见在股票市场难觅机会，并且始终在低位徘徊，于是就打起了黄金的注意。用他们自己的话说：与其终日看着股指震来荡去地干着急，不如去炒黄金，而且相关的炒金软件也都不外乎那些技术指标。

但专家却对此表示说，相比于股市，金市受国际金融市场的影响要更大，对于投资者而言不确定性因素会更多。因此，如果只像研究上市公司基本面及个股技术指标那般进行黄金交易，恐难盈利。此外，由于黄金市场容易受到政治经济局势、汇率、通货膨胀率、现货市场供需等因素影响，因此炒金者应随时关注相关信息，勿打无准备之仗，同时更不要两耳不闻窗外事，一心只看K线图。

（4）偏好纪念型金条

实物金条是最常见的投资工具。实物金条通常分为两种，纪念型金条和投资型金条。主要的区别在于两者的工艺不一样，纪念型金条往往设计精美、工艺精湛，更受消费者的追捧；而投资型金条则工艺较为简单。

不过，如果我们从投资成本的角度来考虑，投资型金条更加适合作为投资对象。原因在于，实物金条在销售时都会在实时黄金价格的基础上收取一定的加工费、仓储费等，与纪念型金条相比，投资型金条的溢价较低、流通性更强。

其中，金交所的实物黄金产品是市场上溢价最低的投资型金条。金交所实物金条的价格是以提取实时更新的金交所相关黄金报价来确定，除此之外投资者只需要支付金交所黄金账户的开户费和2元/千克的提金费用就可以。

而银行的品牌金条也推出了不少溢价较低的投资型金条，定价时一般以即时黄金价格为基础，加收20元/克的溢价。如果是以投资为主要目的的话，这一类型的金条是更为合适的选择。

8. 树立风险管理意识

风险管理是经济单位对风险进行识别、衡量分析，并在此基础上有效地处置和规避风险，降低由风险带来的损失。在投资市场如果没有风险管理意识，就会使资金出现危机，失去盈利的机会。

黄金投资市场客观存在一种不可避免的风险，试图将它消除是不可能的，而意识到风险的存在，积极面对风险是实事求是的态度。用科学的方法，有效地降低风险则是可以的。因此，对投资者来说树立一定的风险管理意识是十分重要的。

做好风险管理，合理配置资金，把潜在风险控制在一定程度，从而就会提高资金的安全性，这是在黄金市场长久生存获利的前提。

因此，投资者在应对黄金市场领域的投资时，应该对以下两方面的风险引起格外关注。

（1）市场价格大幅波动的风险

由于黄金兼具商品和金融双重属性，因此其价格会受到全球宏观经济形势、市场供需基本面、各类经济指标等多种复杂因素的共同影响。同时，黄金市场是一个全球性市场，国内外价格联动非常密切。特别是近期全球金融市场出现剧烈震荡，不可避免会引起黄金期货价格频繁的波动和较大的波幅。

（2）对期货特点和交易规则认识不足的风险

实物黄金在我国是普通投资人传统的投资品种，关注面相对较广。一些没有参与过期货交易的投资者新近开户进入黄金期货市场，由于对相关期货交易规则、基本交易常识、风险控制手法等不太了解，盲目入市，造成了损失。

而接下来就像大家介绍一下具体的风险管理的实施过程：

（1）根据资金状况来制定合理的操作计划和方案

在操作之前根据资金量大小合理地制定资金运作的比例为失误操作造成的损失留下回旋的余地。

（2）根据时间条件定制适宜的操作风格

每个投资者拥有的操作时间是不同的。如果有足够的时间盯盘，并且具有一定的技术分析功底，可以通过短线操作获得更多的收益机会；如果只是有很少的时间关注盘面，不适宜作短线的操作。则需要慎重寻找一个比较可靠的并且趋势较长的介入点中长线持有，累计获利较大时再予以出局套现。

（3）树立良好的投资心态

做任何事情都必须拥有一个良好的心态，投资也不例外。心态平和时，思路往往比较清晰，面对行情的波动能够客观地看待和分析，才能够理性操作。

（4）建立操作纪律并严格执行

行情每时每刻都在发生变化，涨跌起伏的行情会使投资者存在侥幸和贪婪的心理，如果没有建立操作的纪律，账面盈亏只能随着行情变化而波动，没有及时地止赢结算就没有形成实际的结果。起初的获利也有转变为亏损的可能，会导致操作心态紊乱，影响客观理想的分析思维，最终步步退败。所以制定操作纪律并严格执行非常重要。

做任何事情都必须拥有一个良好的心态，投资也不例外。心态平和时，思路往往比较清晰，面对行情的波动能够客观地看待和分析，才能够理性操作。

做黄金投资要根据资金状况订制合理的操作计划和方案，根据时间条件订制适宜的操作的计划，树立良好的投资心态，建立操作纪律并严格执行，这就是黄金投资风险管理的全部。

9．给黄金投资的建议

黄金作为一种稀有金属，早在多年前人们就认识到其价值所在，因此黄金成为了财富储藏象征身份地位的代表。在信用货币为主流的今天，黄金早就退出了流通领域成为了一种金融资产，但是黄金仍然没有被人们遗忘，由于其具有极高的内在价值，因此每当通货膨胀出现的时候黄金就会受到追捧，成为了人们让财富保值的不二之选。

黄金投资的产品可以分为两大类，第一类是实物金的投资，包括实物金的购买和回购。第二类是基于实物黄金的衍生品。面对市面上数量众多的黄金投资产品不少投资者可能已经眼花缭乱了，到底应该投资什么应该怎么投资，成为了长期困扰广大希望从事黄金投资的朋友的难题。

（1）对你投资的品种做一个深入的了解

在全面了解之后来给自己定位一下自己适合不适合这个市场。黄金投资大部分是高杠杆交易，而杠杆越高，对投资者的专业程度要求也就越高。如果你不具备这种专业知识，那你最好不要进入这个市场。即使你想通过学习来进入这个市场，那么你一定要选择一个具有这方面专业投资经验的经纪人。在这里笔者想对一些投资者特别提醒。不要太相信一些网站发布的一些金评和操作建议。分析都是之前的或者之后的事，而价格是随时变化的。

那么如何选择真正具有投资经验的经纪人呢？在这里笔者说几点供大家

参考，第一，看他有没有自己的交易账户。这个是最直接，也是最快捷的判断方式。但是大部分经纪人不会提供的。第二，听他给你讲些什么东西，如果他讲的东西是你可以很容易找到，或者和其他经纪人讲的是一样的，那么这类经纪人在笔者看来至少不是合格的经纪人。第三，看他给你指导做单频率的快慢。如果一个经纪人让你天天不停地下单，那么他肯定只是想收你的手续费，而没有想让你赚钱。因为金价天天变化，但是入场时机不是天天都有的。第四，听他给你讲不讲自己的交易原则或交易系统，以及进场和出场时资金的配比情况。

（2）建立自己的年化收益目标

在黄金投资市场中，赚钱可以说是一件很容易的事情。但是要保持一直赚钱又是件非常不容易的事情。许多投资者进入这个行业都不知道自己是为了什么？是为了实现自己资金的保值、增值还是想一夜暴富？如果去问这些投资者，大部分人可能只有两个字来回答“赚钱”。赚钱也该有一个合理的目标。如果你想一夜暴富，那么建议你可以去买福利彩票。因为一夜暴富和一夜爆仓的概率是一样的。买彩票你不需要投入几十万甚至上百万的资金，就可以实现一夜暴富的目标。而对于想实现自己资金的保值和增值的投资者来说，并不是件困难的事情。但是如果你没有一个目标，你也很难实现自己的目标。

只要你建立了一个合理的目标，那么在一年之中你只要等待合适的价位，配合合理的资金，在几波行情之中就可以轻松实现自己的目标。在这里笔者给大部分普通投资者，建议一个目标（仅供参考）15%到20%之间。为什么要建议这个目标范围，因为这个目标对很多投资者来说是可以实现的。如果过高就需要更专业的知识，而过低就没有必要去做黄金投资了。

（3）多看、少动、不贪

这个世界最可怕的事情就贪婪，人一旦贪婪起来，是非常可怕的事情。资金的安全性高于一切。由于国内黄金投资市场仍然处于起步阶段，所以存在很多不具备从业资格的黄金投资公司从事外盘代理或地下炒金的业务。这类公司游离于法规监管的灰色地带，根本无法对投资者的资金提供保证，一旦出现意外，投资者不但无法获得盈利，还有可能落得血本无归的下场。

附　录

1. 黄金重量换算

由于各国黄金市场交易的习惯、规则以及所在地计量单位等不同，世界各国黄金交易的计量单位也有所不同。国际黄金市场上比较常用的黄金交易的计量单位主要有以下几种。

1. 金衡盎司

在欧美黄金市场上交易的黄金，其使用的黄金交易计量单位是金衡盎司，它与欧美日常使用的度量衡单位常衡盎司是有区别的。金衡盎司是专用于黄金等贵金属商品的交易计量单位，其折算如下：

1 金衡盎司 =1.0971428 常衡盎司 =31.1034807 克

1 常衡盎司 =28.3495 克

2. 司马两

司马两是目前香港黄金市场上常用的交易计量单位。其折算如下：

1 司马两 =1.203354 金衡盎司 =37.42849791 克

折合杆秤制：1 司马两 =1.197713 两（16 两制）

折合市制：1 司马两 =0.74857 两（10 两制）

3. 市制单位

市制单位是我国黄金市场上常用的一种计量单位，主要有斤和两两种。

其折算如下：

1 市斤 =10 两

1 两 =1.607536 金衡盎司 =50 克

4．日本两

日本两是日本黄金市场上使用的交易计量单位，其折算如下：1 日本两 =0.12057 金衡盎司 =3.75 克

5．托拉

托拉是一种比较特殊的黄金交易计量单位，主要用于南亚地区的新德里、卡拉奇、孟买等黄金市场上。其折算如下：

1 托拉 =0.375 金衡盎司 =11.6638 克

6．漕平两

在旧中国，黄金交易还使用过漕平两单位作为黄金交易的计量单位。漕平两是我国明末清初杆秤制单位，其折算如下：

1 斤 =16 漕平两

1 漕平两 =1.00471 金衡盎司 =31.24997809 克

7．盘

在解放前我国还使用过一种称为“盘”的黄金交易计量单位，其折算如下：

1 盘 =70 漕平两 =4.375 斤

2．黄金投资交易名词术语

要想加入到炒黄金行业，必须先了解一下黄金交易术语，这样才能方便的进行黄金交易。

一、场内交易：又称交易所交易，是指供求方集中在交易所进行竞价交

易，交易所向交易参与者收取保证金，同时负责清算和担保的特点。

二、场外交易：又称柜台交易，指交易双方直接交易。这种交易的方式非常灵活，产品形式也多样，但是缺乏必要的保护措施，交易自由的同时还有一定的风险。

三、套期保值交易：是指在期货 [或现货延迟] 市场上买入 [或卖出] 与现货市场交易方向相反，数量相等的同种商品的期货和约，进而无论现货供应市场价格如何波动，最终都能取得在一个市场上亏损的同时，另一个市场赢利的结果，并且亏损与赢利大致相等。这就是为什么金店首饰商总是在期货 [或现货延迟] 市场做空的原因。可以规避由于价格波动带来的风险。

四、结算：指根据交易结果和交易所以相关规定，对会员交易保证金、盈亏、手续费、交割货款及其他款项进行计算、划拨的业务活动。

五、保证金：也叫风险管理金或定金，交纳保证金的目的有二：一是保护经纪行的利益，一旦客户无法付款时，就可以以保证金补偿货款。二是控制交易的投机行为，正所谓有把柄在对方手里，交易需谨慎，有了保证金，就不会因小失大，冒险违规操作了。

六、初始保证金：交易者在下单买和约时，必须按照规定存入其保证金帐户的最低金额。

七、收盘价范围：市场收盘时，黄金交易的价格区域。

八、交割结算价：现货黄金合约最后交易时的结算价。

九、买空：相信价格会上涨，并买入期货 [黄金远期合约] 称为买空。

十、交割日：期货市场中，各交易所规定的交割日期。

十一、开仓：开始买入或者卖出期货合约的交易行为称为开仓，或者建立交易部位。

十二、持仓：在实物交割到期之前，投资者可以根据市场行情和个人意愿自主决定买卖行为，或者继续持有期货和约则称为“持仓”。

十三、逼仓：会员或者客户利用资金优势，通过控制期货交易头寸或垄断可供交割的现货商品，故意抬高或压低期货市场价格，迫使对方违约或者以不利的价格平仓以牟取暴利的行为。根据操作手法可以分为“多逼空”和“空逼多”两种方式。

十四、图表法：利用图表分析市场行为，预计将来市场的变化趋势，技术分析时可利用图表法计算最高价、最低价、结算价等。有条状图和点形图两种。

十五、阻力点：黄金价格难以超越的某一价格水平。

还有很多比较容易理解的黄金交易常用术语，我们没有全部列上来，大家在以后的炒黄金实践中会慢慢接触到。

3．中国银行个人黄金期权投资章程

中国银行股份有限公司北京市分行个人黄金期权投资章程

第一章 总则

一、中国银行股份有限公司北京市分行（以下简称“银行”）个人黄金期权业务，是结合国际市场黄金期权产品与中国银行个人实盘黄金买卖业务（美元金）特点，为个人客户提供的一种黄金投资理财产品，包括“买入期权”和“卖出期权”两个品种。“买入期权”产品简称为“期金宝”，“卖出期权”产品简称为“两金宝”。

二、产品含义：

1．“期金宝”：

客户选择中国银行个人黄金期权报价中的协定黄金价格和期限，自行确定所购期权面值（以美元金 XAU 表示，货币代码 034），在支付相应期权费（美元）后从中国银行买入黄金期权（看涨期权或看跌期权），在期权到期日客户有权按协定价格从中国银行买入或卖出规定面值的纸黄金。在期权到期日之前，客户有权对已购入的“期金宝”产品进行平仓。

2．“两金宝”：

（1）卖出黄金看涨期权：客户将自己在中国银行购入的纸黄金作为抵押，以纸黄金的金额作为期权面值，在确定期权协定价格和到期日后，向中国银行卖出一份黄金看涨期权。中国银行在向客户支付期权费（美元）后享有如下权利，即：期权到期日中国银行有权将客户纸黄金按协定价格转换成美元。

（2）卖出黄金看跌期权：客户以自己美元定期存单的金额作为期权面值，在确定期权协定价格和到期日后，向中国银行卖出一份黄金看跌期权。中国银行在向客户支付期权费（美元）后享有如下权利，即：期权到期日中国银行有权将客户定期存单上的美元按协定价格转换成纸黄金。

第二章　名词释义

三、黄金期权：指期权买方在向期权卖方支付相应期权费后获得一项权利，即期权买方有权在约定的到期日按照双方事先约定的协定价格和金额与期权卖方买卖约定的纸黄金。

四、期权买方：指支付期权费拥有期权权利的一方。在“期金宝”产品中期权买方为客户，在“两金宝”产品中期权买方为银行。

五、期权卖方：指收取期权费承担期权义务的一方。在“期金宝”产品中期权卖方为银行，在“两金宝”产品中期权卖方为客户。

六、期权面值：指期权到期日期权买卖双方可以按期权协定价格买卖的中国银行纸黄金金额或美元金额。

七、期权费：指期权买方从期权卖方获得期权权利所支付的费用。在“期金宝”产品中期权费是客户从银行买入期权所付的费用；在“两金宝”产品中期权费是客户向银行卖出期权所得到的收入。期权费的多少根据客户所购买的期权面值大小和中国银行即时的黄金期权报价（以美元/盎司表示）计算而得。

八、协定价格：指期权买卖双方在期权交易日所确定的期权执行价格，即买入期权一方在期权到期日可依此进行黄金买卖的价格。在“期金宝”和“两金宝”产品中协定价格的确定以期权交易签约时中国银行北京市分行个人黄金期权报价挂盘标出的相应价格为准。

九、参考价格：是据以判断期权是否执行并结算期权收益的价格。为了便于收益结算，中国银行统一规定以期权到期日下午14：30中国银行北京市分行个人实盘黄金买卖（黄金宝）挂牌价美元金中间价作为黄金期权参考价格。

十、期权到期日：指叙做黄金期权交易时所确定的期权到期日期。

十一、期权交割日：指叙做黄金期权交易时所确定的进行资金清算的日期。

第三章　交易品种

十二、中国银行黄金期权业务的交易品种为：美元金期权。

客户在叙作“期金宝”产品时，可自行选择买入美元金看涨、美元看跌的期权；或选择买入美元金看跌、美元看涨的期权。客户在叙作“两金宝”产品时，可以在中国银行购入的纸黄金（美元金）作为抵押，向中国银行卖出美元金看涨期权；也可以在中国银行的美元存款作为抵押，向中国银行卖出美元金看跌期权。

十三、客户如叙作“期金宝”产品，则买入的期权面值至少为20盎司；如叙作“两金宝”产品，则卖出的期权面值至少为10盎司或等值的美元。（注：纸黄金与美元之间按签约时确定的协定价格进行折算）

第四章　交易内容

十四、“期金宝”产品交易内容

1. 客户需自行确定要购买的期权面值，以美元金（盎司）表示。

2. 在叙做“期金宝”交易前客户需首先同银行签订《中国银行股份有

限公司北京市分行个人黄金期权投资协议》，并填写《中国银行股份有限公司北京市分行期权交易申请表》。

3．客户需自行选定期金宝交易品种（以期权期限区分），期金宝不同交易品种的期权期限以期权交易签约时中国银行北京市分行个人黄金期权报价挂盘标出的相应期限为准。

4．客户需指明对美元金价格看涨或看跌。

5．黄金期权协定价格的确定以签约时中国银行北京市分行个人黄金期权报价挂盘标出的协定价格为准。

6．黄金期权到期交割方式为轧差交割。即如果期权到期有盈利，则客户收益体现为期权参考价格与协定价格的差值。

7．黄金期权报价以美元/盎司表示，期权费等于期权面值乘以期权报价。“期金宝”期权费的计价和支付币种为美元。

8．客户在叙做“期金宝”交易签约后应通过现金或转账方式向银行交纳期权费。

9．银行在《中国银行股份有限公司北京市分行期权交易申请表》的回单联加盖业务公章后交与客户，作为确认“期金宝”交易内容的凭证。

10．“期金宝”到期日之前，客户可选择将期权平仓，即卖出手中的黄金期权。平仓时客户需提交购买黄金期权时的交易证实书，平仓后的期权费由银行负责在平仓交易成交后的第二个银行工作日存入客户指定的结算账户。

11．判断客户是否有收益的依据是将参考价格同协定价格相比，如参考价格与协定价格相比对客户有利，则客户可获得投资收益；否则，客户投资收益为零。美元金轧差收益为美元。

十五、“两金宝”交易内容

1．客户需自行确定要卖出的期权面值，以美元金（盎司）或美元表示。

2．客户需自行选定两金宝交易品种（以期权期限区分），两金宝不同交易品种的期权期限以期权交易签约时中国银行北京市分行个人黄金期权报价挂盘标出的相应期限为准。

3．客户如卖出黄金看涨期权，则客户存有纸黄金的活期一本通存折将被整本冻结，同时该活期一本通存折将被质押在银行。客户如卖出黄金看跌期权，则客户活期一本通账户内的美元将被冻结，同时该活期一本通存折将被质押在银行；客户如叙作1个月或3个月期限的卖出黄金看跌期权，则需要开立1个月或3个月的美元定期存单，并将其质押在银行。

4. 黄金期权协定价格的确定以签约时中国银行北京市分行个人黄金期权报价挂盘标出的协定价格为准。

5. 客户同银行签订《中国银行股份有限公司北京市分行个人黄金期权投资协议》，并填写《中国银行股份有限公司北京市分行期权交易申请表》。

6. 银行根据客户确定的期权面值及中国银行北京市分行即时期权报价（以美元/盎司表示）计算出客户可得到的期权费，其含义是：客户相当于向银行卖出一份黄金期权，客户在获得期权费的同时须承担如下风险，即如果期权到期日黄金价格变动对银行有利，则银行将执行期权，将客户之前冻结的美元存款按协定价格折成纸黄金，或是将客户之前冻结的纸黄金按协定价格折成美元。

7. 签约日客户授权银行冻结客户活期一本通存折或美元定期存单并在期权到期时解冻并执行期权交易。

8. 期权到期时，如参考价格与协定价格相比对银行有利，则银行执行期权，将客户的美元存款按协定价格折成纸黄金，或是将客户的纸黄金按协定价格折成美元；如参考价格与协定价格相比对银行不利，则银行不执行期权，并将客户的美元存款/纸黄金、税后利息转入客户指定账户。

第五章　收益计算

十六、“期金宝”产品收益计算：

1. 如果客户选择在期权到期日之前平仓，则客户的收益为买入期权与卖出期权的价差；

2. 如果客户选择期权到期时轧差交割，则收益是通过计算参考价格和协定价格的差实现。

计算公式如下：

（1）客户买入黄金看涨期权，则客户的收益为：

期权面值 *（参考价格 – 协定价格）

当到期日参考价格低于或等于协定价格时：客户收益为零

（2）客户买入黄金看跌期权，则客户的收益为：

期权面值 *（协定价格 – 参考价格）

当到期日参考价格高于或等于协定价格时：客户收益为零

（3）银行将计算所得的美元收益存入客户资金账户中。

十七、“两金宝”产品收益计算：

1. 客户卖出黄金看涨期权，在到期日若参考价格

（1）高于协定价格，则银行行使期权，即银行按协定价格将客户的纸黄金转换成美元后存入客户资金账户；

（2）低于或等于协定价格，则银行不行使期权，即银行将客户的纸黄金解冻。

2. 客户卖出黄金看跌期权，在到期日若参考价格

（1）低于协定价格，则银行行使期权，即银行按协定价格将客户的美元存款转换成纸黄金后存入客户资金账户。

（2）高于或等于协定价格，则银行不行使期权，即银行将客户的美元存款解冻。

第六章　平仓委托

十八、“预留黄金期权平仓委托指令”是指客户对自己已购买的期权头寸，在期权到期日之前以预留指令的方式委托银行在委托指令有效期内当市场行情达到客户指令要求的条件下代为售出该笔黄金期权头寸（即对原交易反向平仓）。

十九、银行所接受的平仓委托指令只限于客户开立的单笔黄金期权面值在 100 万美元（含）以上的期金宝交易，且该笔期金宝交易尚未到期或尚未

被提前平仓。客户委托指令有效时间自银行接受委托时起最长不得超过委托日次日北京时间上午 10 点。

二十、客户下达平仓委托指令，须出具原《中国银行股份有限公司北京市分行期权交易申请表》，并填写《期金宝平仓委托申请书》。委托指令采取客户银行双方确认生效的方式，即客户银行双方对客户提交的《期金宝平仓委托申请书》的内容确认无误后，经客户签字、银行业务部门盖章后该委托指令即生效。

二十一、期金宝平仓委托采取按国际黄金市场美元金价格进行委托的方式，即客户在委托指令中须设定美元金的目标价格，银行根据客户设定的美元金目标价格以及客户预留委托指令时的黄金期权市场各种参数条件，计算出相应的客户期权平仓报价（注：此期权平仓报价为银行按规定扣减相应点差后的期权报价，以美元 / 盎司表示），客户在填好期权平仓报价的《期金宝平仓委托申请书》上签字确认后即表示承诺：只要在平仓委托指令有效期内国际黄金市场美元金价格达到客户设定的目标价格，银行即有权按市场水平代客户出售其委托指令中指定的期权，《期金宝平仓委托申请书》确定的期权平仓报价即为该笔期权客户应得到的平仓成交报价，银行可据此为客户办理资金交割。

第七章　资金结算

二十二、客户在叙做黄金期权交易之前需在银行开立活期一本通存折，作为黄金期权资金结算账户。

二十三、“期金宝”产品在期权到期日之前客户如选择平仓，则平仓后的期权费收入由银行入客户指定的黄金期权交易结算账户。

二十四、“期金宝”产品如客户选择到期执行期权并轧差交割，则银行在交割日将客户的收益入客户指定的黄金期权交易结算账户。

二十五、银行支付期权费一律以现钞形式支付；客户支付期权费可选择美元现钞或现汇支付。

第八章 风险揭示

二十六、客户应充分认识到国际金融市场的风险以及国际上各种政治、经济因素和各种突发事件对黄金期权投资所构成的投资风险，根据自己独立的判断叙做黄金期权交易，并承担由此产生的一切风险及损失。

二十七、客户在叙做黄金期权交易后不可撤消该交易。

第九章 其他说明

二十八、黄金期权到期交割后，客户如对交割资金有异议，应在交割日后一个月内向办理黄金期权业务的网点提出。

二十九、银行如对本章程的条款进行必要的修改和补充，将以公告方式通知客户。

三十、中国银行股份有限公司北京市分行对本章程有解释权。

4．中华人民共和国金银管理条例

1983 年 6 月 15 日国务院发布，根据 2011 年 1 月 8 日《国务院关于废止和修改部分行政法规的决定》修订。

第一章 总则

第一条 为加强对金银的管理，保证国家经济建设对金银的需要，特制定本条例。

第二条 本条例所称金银，包括：

（一）矿藏生产金银和冶炼副产金银；

（二）金银条、块、锭、粉；

（三）金银铸币；

（四）金银制品和金基、银基合金制品；

（五）化工产品中含的金银；

（六）金银边角余料及废渣、废液、废料中含的金银。

铂（即白金），按照国家有关规定管理。

属于金银质地的文物，按照《中华人民共和国文物保护法》的规定管理。

第三条 国家对金银实行统一管理、统购统配的政策。

中华人民共和国境内的机关、部队、团体、学校、国营企业、事业单位，城乡集体经济组织（以下统称境内机构）的一切金银的收入和支出，都纳入国家金银收支计划。

第四条 国家管理金银的主管机关为中国人民银行。

中国人民银行负责管理国家金银储备；负责金银的收购与配售；会同国家物价主管机关制定和管理金银收购与配售价格；会同国家有关主管机关审批经营（包括加工、销售）金银制品、含金银化工产品以及从含金银的废渣、废液、废料中回收金银的单位（以下统称经营单位），管理和检查金银市场；监督本条例的实施。

第五条 境内机构所持的金银，除经中国人民银行许可留用的原材料、设备、器皿、纪念品外，必须全部交售给中国人民银行，不得自行处理、占有。

第六条 国家保护个人持有合法所得的金银。

第七条 在中华人民共和国境内，一切单位和个人不得计价使用金银，禁止私相买卖和借贷抵押金银。

第二章 对金银收购的管理

第八条 金银的收购，统一由中国人民银行办理。除经中国人民银行许可、委托的以外，任何单位和个人不得收购金银。

第九条 从事金银生产（包括矿藏生产和冶炼副产）的厂矿企业、农村社队、部队和个人所采炼的金银，必须全部交售给中国人民银行，不得自行销售、交换和留用。

前款所列生产单位，对生产过程中的金银成品和半成品，必须按照有关规定加强管理，不得私自销售和处理。

第十条 国家鼓励经营单位和使用金银的单位，从伴生金银的矿种和含金银的废渣、废液、废料中回收金银。

前款所列单位必须将回收的金银交售给中国人民银行，不得自行销售、交换和留用。但是，经中国人民银行许可，使用金银的单位将回收的金银重新利用的除外。

第十一条 境内机构从国外进口的金银和矿产品中采炼的副产金银，除经中国人民银行允许留用的或者按照规定用于进料加工复出口的金银以外，一律交售给中国人民银行，不得自行销售、交换和留用。

第十二条 个人出售金银，必须卖给中国人民银行。

第十三条 一切出土无主金银，均为国家所有，任何单位和个人不得熔化、销毁或占有。

单位和个人发现的出土无主金银，经当地文化行政管理部门鉴定，除有历史文物价值的按照《中华人民共和国文物保护法》的规定办理外，必须交给中国人民银行收兑，价款上缴国库。

第十四条 公安、司法、海关、工商行政管理、税务等国家机关依法没收的金银，一律交售给中国人民银行，不得自行处理或者以其他实物顶替。

没收的金银价款按照有关规定上缴国库。

第三章　对金银配售的管理

第十五条　凡需用金银的单位，必须按照规定程序向中国人民银行提出申请使用金银的计划，由中国人民银行审批、供应。

中国人民银行应当按照批准的计划供应，不得随意减售或拖延。

第十六条　中华人民共和国境内的外资企业、中外合资企业以及外商，订购金银制品或者加工其他含金银产品，要求在国内供应金银者，必须按照规定程序提出申请，由中国人民银行审批予以供应。

第十七条　使用金银的单位，必须建立使用制度，严格做到专项使用、结余交回。未经中国人民银行许可，不得把金银原料（包括半成品）转让或者移作他用。

第十八条　在本条例规定范围内，中国人民银行有权对使用金银的单位进行监督和检查。使用金银的单位应当向中国人民银行据实提供有关使用金银的情况和资料。

第四章　对经营单位和个体银匠的管理

第十九条　申请经营（包括加工、销售）金银制品、含金银化工产品以及从含金银的废渣、废液、废料中回收金银的单位，必须按照国家有关规定和审批程序，经中国人民银行和有关主管机关审查批准，在工商行政管理机关登记发给营业执照后，始得营业。

第二十条　经营单位必须按照批准的金银业务范围从事经营，不得擅自改变经营范围，不得在经营中克扣、挪用和套购金银。

第二十一条　金银质地纪念币的铸造、发行由中国人民银行办理，其他任何单位不得铸造、仿造和发行。

金银质地纪念章（牌）的出口经营，由中国人民银行和中华人民共和国对外经济贸易部分别办理。

第二十二条　委托、寄售商店，不得收购或者寄售金银制品、金银器材。珠宝商店可以收购供出口销售的带有金银镶嵌的珠宝饰品，但是不得收购、销售金银制品和金银器材。金银制品由中国人民银行收购并负责供应外贸出口。

第二十三条　边疆少数民族地区和沿海侨眷比较集中地区的个体银匠，经县或者县级以上中国人民银行以及工商行政管理机关批准，可以从事代客加工和修理金银制品的业务，但不得收购和销售金银制品。

第二十四条　国家允许个人邮寄金银饰品，具体管理办法由中国人民银行会同中华人民共和国邮电部制定。

第五章　对金银进出国境的管理

第二十五条　携带金银进入中华人民共和国国境，数量不受限制，但是必须向入境地中华人民共和国海关申报登记。

第二十六条　携带或者复带金银出境，中华人民共和国海关凭中国人民银行出具的证明或者原入境时的申报单登记的数量查验放行；不能提供证明的或者超过原入境时申报登记数量的，不许出境。

第二十七条　携带在中华人民共和国境内供应旅游者购买的金银饰品（包括镶嵌饰品、工艺品、器皿等）出境，中华人民共和国海关凭国内经营金银制品的单位开具的特种发货票查验放行。无凭据的，不许出境。

第二十八条　在中华人民共和国境内的中国人、外国侨民和无国籍人出境定居，每人携带金银的限额为：黄金饰品1市两（31.25克），白银饰品10市两（312.50克），银质器皿20市两（625克）。经中华人民共和国海关查验符合规定限额的放行。

第二十九条　中华人民共和国境内的外资企业、中外合资企业，从国外进口金银作产品原料的，其数量不限；出口含金银量较高的产品，须经中国人民银行核准后放行。未经核准或者超过核准出口数量的，不许出境。

第六章　奖励与惩罚

第三十条　有下列事迹的单位或者个人，国家给予表彰或者适当的物质奖励：

（一）认真执行国家金银政策法令，在金银回收或者管理工作中做出显著成绩的；

（二）为保护国家金银与有关违法犯罪行为坚决斗争，事迹突出的；

（三）发现出土无主金银及时上报或者上交，对国家有贡献的；

（四）将个人收藏的金银捐献给国家的。

第三十一条　违反本条例的下列行为，根据情节轻重，分别由中国人民银行、工商行政管理机关和海关按照各自的职责权限给予以下处罚：

（一）违反本条例第八、九、十、十一条规定，擅自收购、销售、交换和留用金银的，由中国人民银行或者工商行政管理机关予以强制收购或者贬值收购。情节严重的，工商行政管理机关可并处以罚款，或者单处以没收。

违反本条例第八、九、十、十一条规定的，工商行政管理机关可另处以吊销营业执照。

（二）违反本条例第十三条规定，私自熔化、销毁、占有出土无主金银的，由中国人民银行追回实物或者由工商行政管理机关处以罚款。

（三）违反本条例第十七条规定擅自改变使用用途或者转让金银原材料的，由中国人民银行予以警告，或者追回已配售的金银。情节严重的，处以罚款直至停止供应。

（四）违反本条例第十九、二十、二十一、二十二、二十三条规定，未经批准私自经营的，或者擅自改变经营范围的，或者套购、挪用、克扣金银的，由工商行政管理机关处以罚款或者没收。情节严重的，可并处以吊销营业执照、责令停业。

（五）违反本条例第七条规定，将金银计价使用、私相买卖、借贷抵押的，由中国人民银行或者工商行政管理机关予以强制收购或者贬值收购。情节严重的，由工商行政管理机关处以罚款或者没收。

（六）违反本条例第五章有关金银进出国境管理规定或者用各种方法偷运金银出境的，由海关依据本条例和国家海关法规处理。

（七）违反本条例第十四条规定的，由中国人民银行予以收兑。对直接责任人员由有关单位追究行政责任。

第三十二条　违反本条例规定，已构成犯罪行为的，由司法机关依法追究刑事责任。

第七章　附则

第三十三条　本条例的施行细则，由中国人民银行会同国务院有关部门制定。

第三十四条　边疆少数民族地区的金银管理需要作某些变通规定的，由有关省、自治区人民政府会同中国人民银行根据本条例制定。

第三十五条　本条例自发布之日起施行。过去有关部门制定的金银管理办法即行废止。